ステップアップのための 韓国語基本文型トレーニング

イラスト | Ju Yoo
装丁・本文デザイン | 株式会社アイ・ビーンズ

はじめに

　韓国語を学ぶようになったきっかけや背景はそれぞれ違うと思いますが、外国語を学ぶにあたっての目標の一つはその言語で話せるようになることでしょう。でも、皆さんも文法や文型・単語をきちんと知っていながらも、なかなか話せない、フレーズがとっさに出てこないなどのご経験があるかと思います。

　それは、せっかく学んだことを教室以外で使える機会があまりなかったからでしょう。一歩先に進むためには、学んだことを定着させるためのトレーニングが必要です。特に基本的な文型の定着は大事で、基本がしっかり身についていれば、それを基に応用もできどんどん話せるようになるはずです。

　本書では、初級で学んだ韓国語の基本文型をまとめて自主トレーニングができるように工夫しました。各課の1ページ目には、よく使われる文型を場面で設定し、各文型をイラストと吹き出しの会話とともに一目で分かるようにしました。そして、文型の解説はもちろん、文型の活用例を多様な単語や表現を使って表にまとめて理解を深めるようにしました。

　そして2ページ目には、5段階の練習問題を通じて、本書の特長である文型のトレーニングの積み重ねができるようにしました。練習問題などに出ている単語や表現も反復練習ができるように工夫してありますので、初級の文法を既に学んだ方もおさらいとして、また学び始めの方も基本の練習として取り組むことができるでしょう。

　練習問題では、例文や自分の解答を是非声に出して言ってみましょう。本書の「ゴール」とも言える「練習5」の自由作文まで順番に沿って進んでいくうちに目標の文型が自然と定着し、知らないうちに話せるようになっていくように繰り返し練習しましょう。

　本書を通して韓国語の発信力をつけ、おおいにコミュニケーションで活用できることを願ってやみません。

著者

目次

4

5

◀◀◀ 本書の使い方 ▶▶▶

　本書は、左右見開きのページで1つの基本文型を扱っています。左側には基本文型を使った対話例と解説、そして活用例が示されています。コンパクトにまとまっていますので、練習問題を進める上で参考にしたり、後になってから参照するのにも便利です。そして、右側のページには練習問題が配置されています。練習問題の解答は巻末に掲載しています。

練習1は、文型を練習する基礎的な問題です。左側のページの解説を参考にしながら取り組んでみましょう。

練習2は、穴埋め問題です。示されている日本語訳に合うように基本文型を用いて韓国語を入れてみましょう。新出の単語などは韓国語も提示してあります。

練習3は、該当の文型が含まれる韓国文を日本語訳にする問題です。新出単語や注意すべき単語には日本語訳がついていますので、どんどん訳してみましょう。

練習4は、与えられた日本文を韓国語にする作文問題です。該当項目の基本文型を使って作文にチャレンジしてみましょう。わからなくなったときは、解説やはじめに取り組んだ練習を見直すようにしましょう。

練習5は、与えられた語彙を使って、この課でここまで学んできた文型を用いて自由に作文してみましょう。自由な作文ですので様々な文が可能です。巻末の「解答」には模範作文例が示されています。アミがかかっている部分は、設問で与えられた語彙やその課の文型の箇所ですので自分で確認するときの目安にしてください。

略号について

　本文中、ㄹ ㅅ ㅂ ㄷ ㅇ ㅎ は、不規則（変則）用言であることを示します。巻末の付録の解説を参照してください。

저는 다나카 신타로**입니다.**

私は田中慎太郎**です。**

名詞＋**です/ですか**：名詞＋**입니다/입니까?** 丁寧

이름이
무엇입니까?

저는 다나카
신타로입니다.

名前は何ですか。

私は田中慎太郎です。

　名詞などの後ろにパッチムの有無に関係なく、「-**입니다/입니까?**」をつける
と「**노트입니다/입니까?** (ノートです/ですか)」、「**책입니다/입니까?** (本です/
ですか」のように「〜です/〜ですか」という意味になります。

表現	活用例 「-입니다/입니까?」
노트 (ノート) ＋です	**노트입니다** (ノートです)
잡지 (雑誌) ＋です	**잡지입니다** (雑誌です)
떡볶이 (トッポッキ) ＋です	**떡볶이입니다** (トッポッキです)
노래 (歌) ＋です	**노래입니다** (歌です)
신문 (新聞) ＋ですか	**신문입니까?** (新聞ですか)
비빔밥 (ビビンパプ) ＋ですか	**비빔밥입니까?** (ビビンパプですか)
토요일 (土曜日) ＋ですか	**토요일입니까?** (土曜日ですか)

① 이것은 잡지 (これは雑誌) +ですか? ➡

② 내일은 일요일 (明日は日曜日) +です ➡

③ 오늘 신문 (今日の新聞) +です ➡

練習2 日本語訳を見て下線のところを書き入れてみましょう!

① 이건 누구 ＿＿＿＿＿＿＿＿＿？(これは誰のノートですか。)

② 점심 메뉴는 ＿＿＿＿＿＿＿＿＿. (ランチメニューはビビンパプです。)

③ 여기가 다나카 씨 ＿＿＿＿＿＿＿＿. (ここが田中さんの会社です。)〈会社〉

練習3 次の文を日本語に訳してみましょう!

① 이건 새 노트입니다. (새：新しい)

　➡

② 내일은 무슨 요일입니까? (무슨：何の、요일：曜日)

　➡

③ 취미는 음악입니다. (취미：趣味、음악：音楽)

　➡

練習4 下線部に注意して、韓国語に訳してみましょう!

① これもビビンパプですか。

　➡

② それは子どもの雑誌です。 (子ども：어린이)

　➡

③ 韓国の新聞です。

　➡

練習5 例にならって、「-입니다/입니까?」の文を作ってみましょう!

例 누구 (誰の) + 컴퓨터 (コンピュータ)

　➡ 이건 누구 컴퓨터입니까. (これは誰のコンピューターですか。)

① 언니 (姉) + 가방 (カバン)

　➡

② 영어 (英語) + 책 (本)

　➡

③ 저것 (あれ) + 떡볶이 (トッポッキ)

　➡

오늘은 회사에 **갑니다.**

今日は会社に**行きます。**

～ます・～です：**語幹**＋ㅂ니다/습니다 　丁寧

오늘은 회사에
갑니까?

今日は会社に
行きますか。

네, 회사에 갑니다.

はい、会社に行きます。

　「～ます、～です」の意味に、かしこまった表現の「합니다体」というのがあります。「갑니다 (行きます)」、「갑니까? (行きますか)」、「좋습니다 (よいです)」「좋습니까? (よいですか)」のように動詞や形容詞などの母音語幹に「-ㅂ니다/ㅂ니까?」、子音語幹に「-습니다/습니까?」をつけます。また、過去形は陽母音語幹に「-았습니다/았습니까?」、陰母音語幹に「-었습니다/었습니까?」をつけます。

語幹	表現	活用例「-ㅂ니다/습니다」
母音	가다 (行く)	갑니다 (行きます)
	보다 (見る)	봅니다 (見ます)
ㄹ語幹	살다 (住む)	삽니다 (住んでいます)
子音	받다 (もらう)	받습니다 (もらいます)
	좋다 (よい)	좋습니까? (よいですか)
	귀엽다 (かわいい)	귀엽습니다 (かわいいです)
하다	조용하다 (静かだ)	조용합니까? (静かですか)

練習1 左ページの表のように「-ㅂ니다/습니다」に直してみましょう！

① 회사에 가다 (会社に行く) ⇒

② 밥을 먹다 (ご飯を食べる) ⇒

③ 교실은 조용하다 (教室は静かだ) ⇒

練習2 日本語訳を見て下線のところを書き入れてみましょう！

① 내일은 친구와 영화를 ＿＿＿＿＿＿＿＿＿. (明日は友達と映画を見ます。)〈보다〉

② 아침에는 빵을 ＿＿＿＿＿＿＿＿＿. (朝はパンを食べます。)〈먹다〉

③ 매일 ＿＿＿＿＿＿＿＿＿? (毎日運動をしますか。)〈운동을 하다〉

練習3 次の文を日本語に訳してみましょう！

① 매년 크리스마스 선물을 받습니다. (매년 : 毎年、선물 : プレゼント)
⇒

② 토요일에도 학교에 갑니까?
⇒

③ 한국 드라마를 거의 매일 봅니다. (거의 : ほとんど)
⇒

練習4 下線部に注意して、韓国語に訳してみましょう！

① 子犬がかわいいです。(子犬：강아지)
⇒

② キムチをよく食べますか。
⇒

③ 天気がいいです。(天気：날씨)
⇒

練習5 例にならって「-ㅂ니다/습니다」の文を作ってみましょう！

例 영화 (映画) + 보다 (見る)
⇒ 주말에 친구와 영화를 봅니다. (週末に友達と映画を見ます。)

① 토요일 (土曜日) + 가다 (行く)
⇒

② 빵 (パン) + 만들다 (作る)
⇒

③ 밥 (ご飯) + 먹다 (食べる)
⇒

저는 일본 사람**이에요**.

私は日本人です。

名詞＋〜です：名詞＋예요/이에요 丁寧

일본 사람이에요?   네, 저는 일본 사람이에요.

日本の方ですか。   はい、私は日本人です。

名詞のパッチムなし＋「-예요」/パッチムあり＋「-이에요」にすると、「노트예요 (ノートです)」「책이에요 (本です)」などのように丁寧な表現になります。なお、疑問形は「?」をつけ、しり上がりの発音をします。

表現	活用例 「-예요/이에요」
주스 (ジュース) ＋です	주스예요 (ジュースです)
막걸리 (マッコリ) ＋ですか	막걸리예요? (マッコリですか)
컴퓨터 (コンピューター) ＋です	컴퓨터예요 (コンピューターです)
장미 (バラ) ＋ですか	장미예요? (バラですか)
텔레비전 (テレビ) ＋です	텔레비전이에요 (テレビです)
약 (薬) ＋です	약이에요 (薬です)
생일 (誕生日) ＋ですか	생일이에요? (誕生日ですか)

練習1 左ページの表のように「-예요/이에요(?)」に直してみましょう！

① 공원 (公園) ＋です ➡

② 편지 (手紙) ＋です ➡

③ 한국 사람 (韓国人) ＋ですか ➡

練習2 日本語訳を見て下線のところを書き入れてみましょう！

① 이건 무슨 주스 ＿＿＿＿＿＿＿＿＿＿？ (これは何のジュースですか。)

② 저는 일본사람 ＿＿＿＿＿＿＿＿＿＿. (私は日本人です。)

③ 이것도 김치 ＿＿＿＿＿＿＿＿＿＿. (これもキムチです。)

練習3 次の文を日本語に訳してみましょう！

① 오늘은 언니 생일이에요. (생일 : 誕生日)

➡

② 이건 누구 컴퓨터예요? (이건 : これは、누구 : 誰)

➡

③ 그건 감기약이에요. (그건 : それは、감기약 : 風邪薬)

➡

練習4 下線部に注意して、韓国語に訳してみましょう！

① これはマッコリです。

➡

② ここは公園です。

➡

③ これもバラですか。

➡

練習5 例にならって「-예요/이에요(?)」の文を作ってみましょう！

例 가족 (家族) ＋ 사진 (写真)

➡ 이건 우리 가족사진이에요. (これは私の家族の写真です。)

① 남동생 (弟) ＋ 생일 (誕生日)

➡

② 무슨 (何の) ＋ 주스 (ジュース)

➡

③ 누구 (誰) ＋ 노래 (歌)

➡

오늘 오후에 시간 **있어요**?

今日の午後、時間**ありますか**。

あります・います/ありません・いません：있어요/없어요 丁寧

오늘 오후에
시간 있어요?

오늘은 시간 없어요.

今日の午後、
時間ありますか。

今日は時間ありません。

　韓国語の場合、「あります」「います」は「있어요」、「ありません」「いません」は「없어요」と言います。なお、疑問形は「있어요?」、「없어요?」と字面は同じですが、発音のときはしり上りのイントネーションで発音します。

表現	活用例 「-있어요(?)/없어요(?)」
친구가 (友だちが) + います	친구가 있어요 (友だちがいます)
숙제도 (宿題も) + あります	숙제도 있어요 (宿題もあります)
강아지도 (子犬も) + いますか	강아지도 있어요? (子犬もいますか)
고양이는 (猫は) + いませんか	고양이는 없어요? (猫はいませんか)
여동생이 (妹が) + います	여동생이 있어요 (妹がいます)
김밥도 (キムパっも) + ありません	김밥도 없어요 (キムパっもありません)
공원이 (公園が) + ありませんか	공원이 없어요? (公園がありませんか)

練習1 **左ページの表のように「-있어요/없어요(?)」に直してみましょう！**

① 오빠가 (兄が) ＋ 있습니다 ➡

② 숙제가 (宿題が) ＋ 있습니까 ➡

③ 시간이 (時間が) ＋ 없습니다 ➡

練習2 **日本語訳を見て下線のところを書き入れてみましょう！**

① 교실에 ＿＿＿＿＿＿＿＿. (教室に友だちがいます。)〈친구/있다〉

② 오늘은 ＿＿＿＿＿＿＿＿. (今日は時間がありません。)〈시간/없다〉

③ 집에 ＿＿＿＿＿＿＿？ (家に猫がいますか。)〈고양이/있다〉

練習3 **次の文を日本語に訳してみましょう！**

① 시험은 언제 있어요? (시험 : 試験、언제 : いつ)

➡

② 오늘은 숙제가 없어요.

➡

③ 형이 있어요? (형 : 兄)

➡

練習4 **下線部に注意して、韓国語に訳してみましょう！**

① 家の前に公園があります。(前 : 앞)

➡

② ここにキムパプもありますか。

➡

③ 教室に誰がいますか。

➡

練習5 **例にならって「-있어요/없어요(?)」の文を作ってみましょう！**

例 집 (家) ＋ 강아지 (子犬)

➡ 집에 강아지가 한 마리 있어요. (家に子犬が一匹います。)

① 친구 (友だち) ＋ 사진 (写真)

➡

② 학생 (学生) ＋ 잡지 (雑誌)

➡

③ 주말 (週末) ＋ 시간 (時間)

➡

집에서 숙제를 **해요**.

家で宿題を**します**。

しますか : 해요(?) 丁寧

토요일에 뭐 해요?　집에서 숙제를 해요.

土曜日に何をしますか。

家で宿題をします。

　「する」に当たる「하다」は特殊な活用をし、丁寧形の語尾「여요」がつき「하여요」となりますが、一般的に縮約形の「해요」が使われます。

　この「해요」は「します・しています」という意味の平叙形のほかに、「してください」という命令形、「しましょう」という勧誘形としても使われます。

表現	活用例 「-해요(?)」
하다 (する)	해요 (します)
집에서 공부하다 (家で勉強する)	집에서 공부해요 (家で勉強します)
방을 청소하다 (部屋を掃除する)	방을 청소해요 (部屋を掃除します)
빨리 숙제하다 (早く宿題する)	빨리 숙제해요 (早く宿題します)
공원을 산책하다 (公園を散歩する)	공원을 산책해요 (公園を散歩します)
학교가 조용하다 (学校が静かだ)	학교가 조용해요? (学校が静かですか)
매일 운동하다 (毎日運動する)	매일 운동해요! (毎日運動しましょう!)

練習1 左ページの表のように「-해요(?)」に直してみましょう!

① 어디에서 (どこで) + 공부하다? (勉強する?) ⇒

② 집이 (家が) + 조용하다 (静かだ) ⇒

③ 매일 (毎日) + 운동하다 (運動する) ⇒

練習2 日本語訳を見て下線のところを書き入れてみましょう!

① 학교에서 ＿＿＿＿＿＿＿＿. (学校で宿題をします。)〈숙제하다〉

② 집에서 ＿＿＿＿＿＿＿＿. (家で掃除をします。)〈청소하다〉

③ 그 카페는 ＿＿＿＿＿＿＿＿? (そのカフェは静かですか。)〈조용하다〉

練習3 次の文を日本語に訳してみましょう!

① 또 연락해요! (연락하다 : 連絡する)

⇒

② 한국어는 언제 공부해요? (언제 : いつ)

⇒

③ 친구하고 이야기해요. (이야기하다 : 話す)

⇒

練習4 下線部に注意して、韓国語に訳してみましょう!

① 朝、散歩します。(朝 : 아침)

⇒

② 図書館で勉強します。(図書館 : 도서관)

⇒

③ いつ掃除しますか。

⇒

練習5 例にならって「-해요(?)」の文を作ってみましょう!

例 친구 (友だち) + 전화하다 (電話する)

⇒ 친구에게 전화해요. (友だちに電話します。)

① 집 (家) + 공부하다 (勉強する)

⇒

② 공원 (公園) + 조용하다? (静かだ?)

⇒

③ 카페 (カフェ) + 이야기하다 (話す)

⇒

6

서울은 날씨가 **좋아요.**

ソウルは天気が**いいです。**

~ます・~です：**語幹＋아요/어요** 丁寧

오늘 서울 날씨는
좋아요?

今日のソウルの天気は
いいですか。

서울은 날씨가
좋아요.

ソウルは天気が
いいです。

　子音語幹用言の語幹末の母音が陽母音（ㅏ, ㅗ, ㅑ）のときは「-아요」を、陰母音（ㅏ, ㅗ, ㅑを除いた母音）のときは「-어요」をつけると、「먹다（食べる）」は「먹어요（食べます）」「좋다（よい）」は「좋아요（よいです）のように「~ます」、「~です」の意味になります。

語幹	表現	母音		活用例
陽母音	받다 (もらう)	ㅏ		받아요 (もらいます)
	살다 (住む)	ㅏ		살아요 (住んでいます)
	좋다 (よい)	ㅗ	＋ 아요	좋아요 (よいです)
	얕다 (浅い)	ㅑ		얕아요 (浅いです)
	작다 (小さい)	ㅏ		작아요 (小さいです)
陰母音	믿다 (信じる)	ㅣ		믿어요 (信じます)
	적다 (少ない)	ㅓ	＋ 어요	적어요 (少ないです)
	듣다 ㄷ (聞く)	―		들어요 (聞きます)

練習1 左ページの表のように「-아요/어요」に直してみましょう！

① 밥을 먹다 (ご飯を食べる) ⇒

② 편지를 받다 (手紙をもらう) ⇒

③ 책을 읽다 (本を読む) ⇒

練習2 日本語訳を見て下線のところを書き入れてみましょう！

① 기분이 _____ . (気分がいいです。)〈좋다〉

② 무슨 노래를 _____ ? (どんな歌を聞きますか。)〈듣다〉

③ 부모님과 함께 _____ . (両親といっしょに住んでいます。)〈살다〉

練習3 次の文を日本語に訳してみましょう！

① 요즘은 무슨 책을 읽어요? (요즘 : 最近、무슨 : 何の)
　⇒

② 친구는 성격이 참 좋아요. (성격 : 性格、참 : とても)
　⇒

③ 새 PC 는 무척 작아요. (새 : 新しい、PC : パソコン、무척 : とても)
　⇒

練習4 下線部に注意して、韓国語に訳してみましょう！

① k-pop を毎日聞きます。
　⇒

② 友だちとお弁当を食べます。(お弁当 : 도시락)
　⇒

③ 新聞を読みますか。
　⇒

練習5 例にならって「-아요/어요」の文を作ってみましょう！

例 김치 (キムチ) + 먹다 (終わる)
　⇒ 요즘 김치를 자주 먹어요. (最近キムチをよく食べます)

① 친구 (友だち) + 공부하다 (勉強する)
　⇒

② 김밥 (キムパプ) + 만들다 (作る)
　⇒

③ 노래 (歌) + 듣다 (聞く)
　⇒

택시는 어디에서 **타요?**

タクシーはどこで**乗りますか。**

～ます・～です：**語幹**＋아요/어요 丁寧

택시는 어디에서 타요?

역 앞에서 타요.

タクシーはどこで乗りますか。

駅前で乗ります。

　「가다 (行く)」「세다 (強い)」などのように、動詞や形容詞の語幹末が母音で終わる場合、その母音が「ㅏ, ㅓ, ㅕ, ㅐ, ㅔ」で、後ろに「아요/어요」がつく「해요体」は「아/어」を省略します。

　つまり、「가다 (行く)」は「가아요」ではなく「가요」、「서다 (停まる)」は「서어요」ではなく「서요」になります。ただし、語幹末の母音が「ㅐ, ㅔ」の場合は、「아/어」を省略しないで使うこともあります。

語幹	表現	母音	活用例「-아요(?)/어요(?)」
陽母音	가다 (行く)	ㅏ	+아요	가아요 → 가요 (行きます)
	비싸다 (値段が高い)	ㅏ		비싸아요 → 비싸요 (高いです)
陰母音	서다 (停まる)	ㅓ	+어요	서어요 → 서요 (停まります)
	켜다 (点ける)	ㅕ		켜어요 → 켜요 (点けます)
	지내다 (過ごす)	ㅐ		지내어요 / 지내요 (過ごします)
	세다 (強い)	ㅔ		세어요 / 세요 (強いです)

練習1 左ページの表のように「-아요/어요」に直してみましょう！

① 회사에 가다 (会社に行く) ➡

② 값이 비싸다 (値段が高い) ➡

③ 버스는 호텔 앞에 서다? (バスはホテルの前に停まる?) ➡

練習2 日本語訳を見て下線のところを書き入れてみましょう！

① 옷을 _____ . (服を買います。)〈사다〉

② 버스를 _____ . (バスに乗りますか。)〈타다〉

③ 에어컨을 _____ . (エアコンをつけます。)〈켜다〉

練習3 次の文を日本語に訳してみましょう！

① 남동생은 기숙사에서 지내요. (남동생 : 弟、기숙사 : 寮)

➡

② 이번 전철은 우에노에 서요? (이번 : 今度、전철 : 電車)

➡

③ 한국 택시 요금은 싸요? (택시 : タクシー、요금 : 料金、싸다 : 安い)

➡

練習4 下線部に注意して、韓国語に訳してみましょう！

① 友だちと映画館に行きます。(映画館 : 영화관)

➡

② 今日は風がとても強いです。(風 : 바람)

➡

③ メールを送ります。(メール : 메일、送る : 보내다)

➡

練習5 例にならって「-아요/어요」の文を作ってみましょう！

例 숙제 (宿題) + 내다 (出す)
➡ 숙제는 내일까지 내요? (宿題は明日まで出しますか。)

① 앞 (前) + 서다 (停まる)

➡

② 주말 (週末) + 지내다 (過ごす)

➡

③ 과일 (果物) + 비싸다 (値段が高い)

➡

친구는 언제 **와요?**

友だちはいつ**来ますか。**

〜ます・〜です：語幹＋**아요/어요(?)** 丁寧

열 시에 와요.

친구는 언제 와요?

友だちはいつ来ますか。

10時に来ます。

「오다, 배우다, 마시다, 되다」などのように動詞や形容詞の語幹末の母音が「ㅗ, ㅜ, ㅣ, ㅚ」の場合、後ろに「아요/어요」が付くと合体し「ㅘ, ㅝ, ㅕ, ㅙ」となります。

ただし、「쉬다, 띄다」のように語幹末の母音が「ㅟ, ㅢ」の場合は合体が起こりません。

表現	母音の変化			活用例 「-아요(?)/어요(?)」
오다 (来る)	ㅗ+ㅏ	→	ㅘ	와요 (来ます)
배우다 (習う)	ㅜ+ㅓ	→	ㅝ	배워요 (習います)
마시다 (飲む)	ㅣ+ㅓ	→	ㅕ	마셔요 (飲みます)
되다 (なる)	ㅚ+ㅓ	→	ㅚㅓ/ㅙ	되어요/돼요 (なります)
쉬다 (休む)	ㅟ+ㅓ	→	ㅟㅓ	쉬어요 (休みます)
띄다 (目立つ)	ㅢ+ㅓ	→	ㅢㅓ	띄어요 (目立ちます)

練習1 左ページの表のように「-아요/어요(?)」に直してみましょう！

① 학교에 다니다 (学校に通う) ⇒

② 드라마를 보다 (ドラマを見る) ⇒

③ 한글을 배우다? (ハングルを習う) ⇒

練習2 日本語訳を見て下線のところを書き入れてみましょう！

① 친구가 _____. (友だちが来ます。) 〈오다〉

② 물을 _____. (水を飲みます。) 〈마시다〉

③ 친구를 _____? (友だちを待っていますか。) 〈기다리다〉

練習3 次の文を日本語に訳してみましょう！

① 주말에는 집에서 쉬어요. (주말 : 週末)
　⇒

② 가게 간판이 눈에 띄어요. (가게 : 店、간판 : 看板)
　⇒

③ 누나는 은행에 다녀요. (누나 : お姉さん、은행 : 銀行、다니다 : 勤める)
　⇒

練習4 下線部に注意して、韓国語に訳してみましょう！

① 私は最近、韓国語を習っています。

② 明日はお母さんと映画を見ます。(明日 : 내일)
　⇒

③ もう社会人になります。(もう : 이제、社会人 : 사회인)
　⇒

練習5 例にならって「-아요/어요(?)」の文を作ってみましょう！

例 누구 (誰) + 기다리다 (終わる)
　⇒ 여기서 누구를 기다려요? (ここで誰を待っていますか)

① 대학생 (大学生) + 되다 (なる)
　⇒

② 주말 (週末) + 쉬다 (休む)
　⇒

③ 악기 (楽器) + 배우다 (習う)
　⇒

요즘도 매일 운동하세요?

最近も毎日、運動しますか。

〜ます（か）・〜です（か）：**語幹＋(으)세요(?)** 平叙・疑問・依頼

요즘도 매일 운동하세요?

아뇨, 요즘은 별로 못 해요.

最近も毎日
運動しますか。

いいえ、最近は
あまりできません。

　動詞の母音語幹に「-세요(?)」、子音語幹に「-으세요(?)」をつけると、尊敬の表現になり、①〜なさいます・します（平叙文）、②〜なさいますか・しますか（疑問文）、③〜てください（命令文）という意味になります。

　なお、形容詞は動詞と同じく活用し、「〜でいらっしゃいます（か）」、「お〜です（か）」という意味になります。

　「-(으)세요」は「-아요/어요」よりもっと丁寧な表現です。

語幹	表現	活用例「-(으)세요(?)」
母音	이름을 쓰다 （名前を書く）	이름을 쓰세요 （名前をお書きになります）
	여기서 기다리다 （ここで待つ）	여기서 기다리세요! （ここでお待ちください!）
子音	많이 걷다 ㄷ （たくさん歩く）	많이 걸으세요? （たくさん歩かれますか）
	오래오래 살다 ㄹ （長生きする）	오래오래 사세요! （長生きしてください!）
	쓰레기를 줍다 ㅂ （ゴミを拾う）	쓰레기를 주우세요! （ゴミを拾ってください!）
	시간이 없다 （時間がない）	시간이 없으세요? （時間がありませんか）
하다	매일 운동하다 （毎日運動する）	매일 운동하세요 （毎日運動なさいます）

練習1 **左ページの表のように「-(으)세요(?)」に直してみましょう！**

① 모자를 벗다 (帽子を取る) + 주세요! ➡

② 요즘도 요가를 하다 (最近もヨガをする) + ていますか ➡

③ 매일 걷다 (毎日歩く) + ています。 ➡

練習2 **日本語訳を見て下線のところを書き入れてみましょう！**

① 떡볶이도 _____? (トッポッキも作られますか。) 〈만들다〉

② 요즘도 _____? (最近も連絡していますか。) 〈연락하다〉

③ 어머니는 한국 노래도 _____. (母は韓国の歌も聞きます。) 〈듣다〉

練習3 **次の文を日本語に訳してみましょう！**

① 할아버지는 아침 일찍 걸으세요. (일찍 : 早く)

➡

② 한국 신문도 읽으세요! (신문 : 新聞)

➡

③ 시간이 많으세요? (많다 : 多い)

➡

練習4 **下線部に注意して、韓国語に訳してみましょう！**

① 日本にはいつ頃いらっしゃるんですか。(いつ頃 : 언제쯤)

➡

② おばあさんは毎朝体操をします。(体操 : 체조)

➡

③ 旅行が好きですか。(好きだ : 좋아하다)

➡

練習5 **例にならって「-(으)세요(?)」の文を作ってみましょう！**

例 생선 (魚) + 굽다 (焼く)
　➡ 어머니는 생선을 맛있게 구우세요. (母は魚をおいしく焼きます。)

① 일기 (日記) + 쓰다 (つける)

➡

② 언제 (いつ) + 보내다 (送る)

➡

③ 부모님 (両親) + 살다 (住む)

10

겨울엔 **춥고** 눈이 많이 와요.

冬は**寒くて**雪がたくさん降ります。

~して、~で、~く(て)：語幹＋고 並列、羅列

훗카이도의 겨울은 어때요?

겨울엔 춥고 눈이 많이 와요.

北海道の冬は
いかがですか。

冬は寒くて雪が
たくさん降ります。

　動詞や形容詞の語幹のパッチムの有無に関係なく語幹に「-고」をつけると、「並列」の意味の「~して、~で、~く(て)」のように二つ以上の行為や状態、事実をつなぐことを表します。

表現	活用例「-고」
넓다 (広い) ＋ 좋다 (よい)	넓고 좋아요 (広くていいです)
조용하다 (静かだ) ＋ 깨끗하다 (きれいだ)	조용하고 깨끗해요 (静かできれいです)
싸다 (安い) ＋ 맛있다 (おいしい)	싸고 맛있어요 (安くておいしいです)
노래도 부르다 (歌も歌う) ＋ 춤도 추다 (踊りも踊る)	노래도 부르고 춤도 춰요 (歌も歌い踊りも踊ります)
밥도 먹다 (ご飯も食べる) ＋ 빵도 먹다 (パンも食べる)	밥도 먹고 빵도 먹어요 (ご飯も食べてパンも食べます)

練習1 左ページの表のように「-고　-아요/어요」に直してみましょう!

① 조용하다 (静かだ) + 좋다 (よい) ➡

② 값도 싸다 (値段も高い) + 품질도 괜찮다 (品質もよい) ➡

③ 밥도 먹다 (ご飯も食べる) + 차도 마시다 (お茶も飲む) ➡

練習2 日本語訳を見て下線のところを書き入れてみましょう!

① 가게가 ＿＿＿＿＿＿＿ 넓어요. (店がきれいで広いです。)〈깨끗하다〉

② 이 빵은 ＿＿＿＿＿＿＿ 맛있어요. (このパンは甘くておいしいです。)〈달다〉

③ 청소도 ＿＿＿＿＿＿＿ 빨래도 해요. (掃除もして洗濯もします。)〈하다〉

練習3 次の文を日本語に訳してみましょう!

① 떡볶이는 맵고 달아요. (맵다：辛い)

➡

② 이건 호박이고 저건 수박이에요. (호박：カボチャ、수박：スイカ)

➡

③ 어머니는 드라마를 보고 아버지는 청소를 해요.

➡

練習4 下線部に注意して、韓国語に訳してみましょう!

① 図書館で宿題もして勉強もします。

➡

② この靴は安くてよいです。(靴：구두)

➡

③ いっしょにご飯も食べて映画も見ましょう。

➡

練習5 例にならって「-고」と「-아/어요」の文を作ってみましょう!

例 노래를 듣다 (歌も聞く) + 차를 마시다 (お茶を飲む)
　➡ 같이 노래도 듣고 차도 마셔요. (いっしょに歌も聞いて茶も飲みましょう。)

① 공부하다 (勉強する) + 운동하다 (運動する)

➡

② 깨끗하다 (きれいだ) + 좋다 (良い)

➡

③ 정리하다 (整理する) + 보다 (見る)

➡

아르바이트를 **하면서** 지내요.

バイトを**しながら**過ごしています。

〜(し)ながら、〜上に、〜(で)ありながら：**語幹＋(으)면서** 同時進行・並立

요즘 어떻게
지내요?

아르바이트를
하면서 지내요.

最近どう
過ごしてますか。

バイトをしながら
過ごしています。

　動詞や形容詞などの母音語幹に「-면서」、子音語幹に「-으면서」をつけると「보면서 (見ながら)」「먹으면서 (食べながら)」「빠르면서 (速い上に)」などのように、二つの行為や状態を同時に表します。

語幹	表現	活用例 「-(으)면서」
母音	텔레비전을 보다 (テレビを見る)	텔레비전을 보면서 (テレビを見ながら)
	친구는 시인이다 (友だちは詩人だ)	친구는 시인이면서 (友だちは詩人でありながら)
	공원은 조용하다 (公園は静かだ)	공원은 조용하면서 (公園は静かでありながら)
ㄹ語幹	비빔밥을 만들다 ㄹ (ビビンパプを作る)	비빔밥을 만들면서 (ビビンパプを作りながら)
子音	점심을 먹다 (昼ご飯を食べる)	점심을 먹으면서 (昼ご飯を食べながら)
	노래를 듣다 ㄷ (歌を聞く)	노래를 들으면서 (歌を聞きながら)
	떡볶이는 맵다 ㅂ (トッポッキが辛い)	떡볶이는 매우면서 (トッポッキが辛い上に)

練習1 左ページの表のように「-(으)면서」に直してみましょう！
① 신문을 보다 (新聞を読む) ➡
② 공원은 넓다 (公園は広い) ➡
③ 친구는 회사원이다 (友だちは会社員である) ➡

練習2 日本語訳を見て下線のところを書き入れてみましょう！
① 텔레비전을 _____ 과자를 먹어요. (テレビを見ながらお菓子を食べます。)〈보다〉
② 빵을 _____ 우유를 마셔요. (パンを食べながら牛乳を飲みます。)〈먹다〉
③ 떡볶이는 _____ 달콤해요. (トッポッキは辛くて甘いです。)〈맵다〉

練習3 次の文を日本語に訳してみましょう！
① 피아노를 치면서 노래해요. (노래하다 : 歌う)
  ➡
② 저는 주부이면서 학생이에요. (주부 : 主婦)
  ➡
③ 춤도 잘 추면서 멋있어요. (춤 : ダンス、추다 : 踊る、멋있다 : 格好いい)
  ➡

練習4 下線部に注意して、韓国語に訳してみましょう！
① テレビを見ながら運動をします。
  ➡
② 歌を聞きながら歩きます。(歩く：걷다)
  ➡
③ お姉さんは会社員でありながら歌手です。(お姉さん：언니, 누나)
  ➡

練習5 例にならって「-(으)면서」の文を作ってみましょう！
  例 저녁을 먹다 (夕食を食べる) + 보다 (見る)
    ➡ 저녁을 먹으면서 드라마를 봐요. (夕ご飯を食べながらドラマを見ます。)
① 일하다 (働く) + 공부하다 (勉強する)
  ➡
② 달다 (甘い) + 맵다 (辛い)
  ➡
③ 이야기를 하다 (話しをする) + 걷다 (歩く)
  ➡

자기 전에 공부를 해요.

寝る前に勉強をします。

～する前に：**語幹**＋기 전에 先行動作

자기 전에 뭐 해요? 자기 전에 공부를 해요.

寝る前に
何をしますか。

寝る前に
勉強をします。

　動詞や形容詞の語幹のパッチムの有無に関係なく語幹に「-기 전에」をつけると、「가기 전에（行く前に）」「먹기 전에（食べる前に）」などのように「～する前に」という意味になります。

表現	活用例「-기 전에」
만나다 (会う) + 전화하다 (電話する)	만나기 전에 전화해요 (会う前に電話します)
자다 (寝る) + 공부하다 (勉強する)	자기 전에 공부해요 (寝る前に勉強します)
먹다 (食べる) + 데우다 (温める)	먹기 전에 데워요 (食べる前に温めます)
놀다 (遊ぶ) + 숙제하다 (宿題する)	놀기 전에 숙제해요 (遊ぶ前に宿題します)
일하다 (働く) + 쉬다 (休む)	일하기 전에 쉬어요 (働く前に休みます)
보내다 (送る) + 확인하다 (確認する)	보내기 전에 확인해요 (送る前に確認します)
식다 (冷める) + 마시다 (飲む)	식기 전에 마셔요 (冷める前に飲みます)

練習1 左ページの表のように「-기 전에」に直してみましょう！
① 식다（冷める）＋ 먹다（食べる）⇒
② 놀다（遊ぶ）＋ 숙제하다（宿題する）⇒
③ 자다（寝る）＋ 책을 읽다（本を読む）⇒

練習2 日本語訳を見て下線のところを書き入れてみましょう！
① 저녁을 ＿＿＿＿＿＿＿ 청소를 해요.（夕食を食べる前に掃除をします。）〈먹다〉
② 메일을 ＿＿＿＿＿＿＿ 확인해요.（メールを送る前に確認します。）〈보내다〉
③ ＿＿＿＿＿＿＿ 일정을 봐요.（約束する前に日程を見ます。）〈약속하다〉

練習3 次の文を日本語に訳してみましょう！
① 여행 가기 전에 계획을 세워요.（계획을 세우다：計画を立てる）
　⇒
② 아침을 먹기 전에 이를 닦아요.（이를 닦다：歯を磨く）
　⇒
③ 출근하기 전에 집에서 커피를 마셔요.（출근하다：出勤する）
　⇒

練習4 下線部に注意して、韓国語に訳してみましょう！
① お酒を飲む前に牛乳を飲みます。（お酒：술）
　⇒
② 買い物をする前にメモをします。（買い物：쇼핑）
　⇒
③ 寝る前にドラマを見ます。
　⇒

練習5 例にならって「-기 전에」の文を作ってみましょう！
　例 퇴근하다（退社する）＋ 회의를 하다（会議をする）
　⇒ 퇴근하기 전에 회의를 해요.（退社する前に会議をします。）
① 말하다（話す）＋ 생각하다（考える）
　⇒
② 먹다（食べる）＋ 씻다（洗う）
　⇒
③ 가다（行く）＋ 예습하다（予習する）
　⇒

영화를 **보고 (나서)** 저녁을 먹어요!

映画を**見て**（**から**）夕食を食べましょう。

~て（から）：動詞の語幹＋고 (나서) 順序

저녁은 언제 먹어요?

영화를 보고(나서) 먹어요!

夕ご飯はいつ
食べますか。

映画を見て（から）
食べましょう！

　　動詞の語幹のパッチムの有無に関係なく語幹に「-고 (나서)」をつけると、「밥을 먹고 (나서) (ご飯を食べて (から))」「신문을 보고 (나서) (新聞を読んで (から))」のように、ある行動が終わってから次の行動が続くことを表します。「나서」を省略することもありますが、「-고 나서」の方が「-고」よりも意味が鮮明です。

表現	活用例 「-고 (나서)」
뉴스를 보다 (ニュースを見る) + 자다 (寝る)	뉴스를 보고 자요 (ニュースを見てから寝ます)
점심을 먹다 (昼ご飯を食べる) + 커피를 마시다 (コーヒーを飲む)	점심을 먹고 커피를 마셔요 (昼ご飯を食べてからコーヒーを飲みます)
청소하다 (掃除する) + 음악을 듣다 ㄷ (音楽を聞く)	청소하고 음악을 들어요 　(掃除してから音楽を聞きます)
일을 하다 (働く) + 쉬다 (休む)	일을 하고 쉬어요 (働いてから休みます)
문제를 듣다 (問題を聞く) + 대답하다 (答える)	문제를 듣고 대답하세요 (問題を聞いてから答えなさい)
책을 읽다 (本を読む) + 이야기하다 (話す)	책을 읽고 이야기하세요 (本を読んでから話しなさい)

34

練習1 左ページの表のように「-고(나서)」と「-아/어요」に直してみましょう！
① 쇼핑을 하다 (買い物をする) + 점심을 먹다 (昼ごはんを食べる) ⇒
② 책을 읽다 (本を読む) + 이야기하다 (話す) ⇒
③ CD를 듣다 (CDを聞く) + 따라 읽다 (ついて読む) ⇒

練習2 日本語訳を見て下線のところを書き入れてみましょう！
① 영화를 ＿＿＿＿＿＿ 감상문을 써요. (映画を見て (から) 感想文を書きます。)〈보다〉
② 밥을 ＿＿＿＿＿＿ 디저트를 먹어요. (ご飯を食べて (から) デザートを食べます。)〈먹다〉
③ 먼저 ＿＿＿＿＿＿ 뉴스를 봐요. (先に掃除してから (から) ニュースを見ます。)〈청소하다〉

練習3 次の文を日本語に訳してみましょう！
① 옷을 입고 (나서) 구두를 신어요. (입다 : 着る、구두 : 靴、신다 : はく)
⇒
② 아침을 먹고 (나서) 이를 닦아요. (아침 : 朝ご飯、이를 닦다 : 歯を磨く)
⇒
③ 운동을 하고 (나서) 샤워를 해요. (운동 : 運動、샤워 : シャワー)
⇒

練習4 下線部に注意して、韓国語に訳してみましょう！
① 友だちに会って (から) 家に帰りました。(会う : 만나다)
⇒
② この仕事を終えて (から) 韓国語教室に行きます。(終える : 마치다、教室 : 교실)
⇒
③ 夕食を食べて (から) 宿題をします。(夕食 : 저녁)
⇒

練習5 例にならって「-고(나서)」と「-아/어요」の文を作ってみましょう！
例 수업이 끝나다 (授業が終わる) + 만나다 (会う)
　⇒ 수업이 끝나고 친구를 만나요. (授業が終わって (から) 友だちに会います。)
① 공부하다 (勉強する) + 운동하다 (運動する)
⇒
② 책을 읽다 (本を読む) + 요약하다 (要約する)
⇒
③ 아침을 먹다 (朝ご飯を食べる) + 학교에 가다 (学校に行く)
⇒

친구를 **만나서** 영화를 봐요.

友だちに**会って**映画を見ます。

～て（から）：**語幹**＋아서/어서 動作の先行・前提

내일은 뭐 해요?

친구를 만나서
영화를 봐요.

明日は何を
しますか。

友だちに会って、
映画を見ます。

　動詞の語幹末が陽母音の場合は「-아서」、陰母音の場合は「-어서」をつけると、「～して（から）」という意味で、その文の動作が後続文の動作に先行することを表します。この表現は前後の動作に関連性がある場合に用いられます。また、「-아서」、「-어서」の「서」が省略され、「-아」、「-어」で使われる場合も多いです。

母音	表現	活用例 「-아서/어서」
陽母音	의자에 앉다 （椅子に座る）	의자에 앉아서 （椅子に座って）
	선물을 사다 （プレゼントを買う）	선물을 사서 （プレゼントを買って）
陰母音	사과를 씻다 （リンゴを洗う）	사과를 씻어서 （リンゴを洗って）
	사진을 찍다 （写真を撮る）	사진을 찍어서 （写真を撮って）
	돈을 벌다 （お金を稼ぐ）	돈을 벌어서 （お金を稼いで）
	라면을 끓이다 （ラーメンを作る）	라면을 끓여서 （ラーメンを作って）
하다	숙제하다 （宿題する）	숙제해서 （宿題して）

練習1 左ページの表のように「-아서/어서」に直してみましょう！

① 서울에 <u>오다</u> (ソウルに来る) ➡

② 사과를 <u>깎다</u> (リンゴをむく) ➡

③ 열심히 <u>공부하다</u> (一生懸命勉強する) ➡

練習2 日本語訳を見て下線のところを書き入れてみましょう！

① 도서관에 ＿＿＿＿＿＿＿＿ 책을 빌려요. (図書館に行って本を借ります。)〈가다〉

② ＿＿＿＿＿＿＿＿ 가지고 오세요. (宿題をして持ってきてください。)〈숙제를 하다〉

③ 선물을 ＿＿＿＿＿＿＿＿ 보내요. (プレゼントを買って送ります。)〈사다〉

練習3 次の文を日本語に訳してみましょう！

① 친구를 만나서 도서관에 가요. (도서관 : 図書館)

➡

② 사용법을 배워서 해 보세요. (사용법 : 使い方、배우다 : 習う)

➡

③ 도시락을 사서 먹어요. (도시락 : お弁当)

➡

練習4 下線部に注意して、韓国語に訳してみましょう！

① チャプチェを<u>作って</u>食べます。(チェプチェ : 잡채)

➡

② 写真を<u>撮って</u>送ります。

➡

③ 椅子に<u>座って</u>待ってください。

➡

練習5 例にならって「-아서/어서」の文を作ってみましょう！

例 줍다 (拾う) ＋ 역무원에게 맡기다 (駅員に預ける)

➡ 지갑을 주워서 역무원에게 맡겨요. (財布を拾って駅員に預けます。)

① 돈을 벌다 (お金を稼ぐ) ＋ 사다 (買う)

➡

② 라면을 끓이다 (ラーメンを作る) ＋ 먹다 (食べる)

➡

③ 가다 (行く) ＋ 친구를 만나다 (友だちに会う)

➡

지금 보는 드라마 어때요?

今、見ているドラマいかがですか。

〜する…、〜している…：語幹＋는 現在連体形

지금 보는 드라마 어때요?	참 재미있어요!

今見ているドラマはどうですか。	ほんとうに面白いです。

　動詞や存在詞（있다, 없다）の語幹のパッチムの有無に関係なく「-는」をつけると、「가다（行く）」は「가는（行く…）」、「먹다（食べる…）」は「먹는（食べる…、食べている…）」のように「〜する…」「〜している…」という意味になります。ある出来事や行為が現在起きていることを表します。

表現	活用例「-는」
지금 마시다 (今、飲む) ＋ 커피 (コーヒー)	지금 마시는 커피 (今、飲むコーヒー)
내일 오다 (明日、来る) ＋ 친구 (友だち)	내일 오는 친구 (明日、来る友だち)
살다 (住む) ＋ 동네 (町)	사는 동네 (住む町)
굽다 (焼く) ＋ 냄새 (におい)	굽는 냄새 (焼くにおい)
듣다 (聞く) ＋ 노래 (歌)	듣는 노래 (聞く歌)
시간이 있다 (時間がある) ＋ 사람 (人)	시간이 있는 사람 (時間がある人)
공부하다 (勉強する) ＋ 교실 (教室)	공부하는 교실 (勉強する教室)

練習1 左ページの表のように「-는」に直してみましょう!

① 여기로 오다 (ここへ来る) + 사람 (人) ➡

② 지금 듣다 (今、聞く) + 노래 (歌) ➡

③ 내일 가다 (明日行く) + 곳 (所) ➡

練習2 日本語訳を見て下線のところを書き入れてみましょう!

① 자주 ＿＿＿＿＿＿ 친구예요. (よく会う友だちです。) 〈만나다〉

② 요즘 ＿＿＿＿＿＿ 차예요. (最近飲んでいるお茶です。) 〈마시다〉

③ 오늘은 ＿＿＿＿＿＿ 날이에요. (今日は掃除する日です。) 〈청소하다〉

練習3 次の文を日本語に訳してみましょう!

① 한국 문화를 배우는 반이에요. (문화 : 文化、반 : クラス)
➡

② 고기를 굽는 사람이 제 남친이에요. (고기 : 肉、남친 (←남자친구) : 彼氏)
➡

③ 한국어를 공부하는 시간이 즐거워요. (즐겁다 : 楽しい)
➡

練習4 下線部に注意して、韓国語に訳してみましょう!

① 休む日はいつですか。(休む : 쉬다)
➡

② 明日も学校に来る人いますか。
➡

③ 息子が勉強する部屋です。(息子 : 아들)
➡

練習5 例にならって「-는」「-아요/어요(?)」の文を作ってみましょう!

例 일을 쉬다 (仕事を休む) + 일요일 (日曜日)
➡ 일을 쉬는 일요일이 제일 좋아요. (仕事を休む日曜日が一番好きです。)

① 공부하다 (勉強する) + 교실 (教室)
➡

② 굽다 (焼く) + 생선 (魚)
➡

③ 자주 가다 (よく行く) + 식당 (食堂)
➡

어제는 영화를 **봤어요**.

昨日は映画を**見ました**。

〜ました、〜でした、〜かったです：**語幹＋았어요/었어요** 過去形

어제는 뭐 했어요?

오래간만에 영화를 봤어요.

昨日は何を
しましたか。

久しぶりに
映画を見ました。

　動詞や形容詞の語幹末の母音が陽母音（ㅏ, ㅗ, ㅑ）のときは「-았어요」を、陰母音（「ㅏ, ㅗ, ㅑ」を除いた母音）のときは「-었어요」をつけると、過去の出来事を表します。「좋다（よい）」は「좋았어요（よかったです）」、「먹다（食べる））」は「먹었어요（食べました）」、「하다（する）」は「했어요（しました）」となります。

母音	表現	活用例 「-았어요/었어요」
陽母音	학교에 가다 (学校に行く)	학교에 갔어요 (学校に行きました)
	비가 오다 (雨が降る)	비가 왔어요 (雨が降りました)
陰母音	창문을 닦다 (窓を拭く)	창문을 닦았어요 (窓を拭きました)
	주소를 묻다 ㄷ (住所を聞く)	주소를 물었어요 (住所を聞きました)
	아기가 울다 (赤ちゃんが泣く)	아기가 울었어요 (赤ちゃんが泣きました)
	정말 기쁘다 (本当にうれしい)	정말 기뻤어요 (本当にうれしかったです)
하다	교실이 조용하다 (教室が静かだ)	교실이 조용했어요 (教室が静かでした)

練習1 左ページの表のように「-았어요/었어요(?)」に直してみましょう！

① 회사에 가다 (会社へ行く) + 았습니까 ➡

② 이름을 묻다 (名前を聞く) + 었습니다 ➡

③ 카페가 조용하다 (カフェが静かだ) + 었습니다 ➡

練習2 日本語訳を見て下線のところを書き入れてみましょう！

① 어제도 비가 ＿＿＿＿＿＿＿＿＿. (昨日も雨が降りました。) 〈오다〉

② 깨끗하게 손을 ＿＿＿＿＿＿＿＿＿. (きれいに手を洗いました。) 〈씻다〉

③ 밤 늦게까지 ＿＿＿＿＿＿＿＿＿? (夜遅くまで勉強しましたか。) 〈공부하다〉

練習3 次の文を日本語に訳してみましょう！

① 점심에 도시락을 먹었어요. (점심 : お昼、도시락 : お弁当)
➡

② 아이가 웃었어요. (아이 : 子ども、웃다 : 笑う)
➡

③ 어제도 시험 공부를 했어요? (시험 : 試験)
➡

練習4 下線部に注意して、韓国語に訳してみましょう！

① 昨日はトッポッキを作りましたか。(トッポッキ : 떡볶이)
➡

② 今日も気分がよかったです。(気分 : 기분)
➡

③ 昨夜、CDを聞きました。(昨夜 : 어젯밤)
➡

練習5 例にならって「-았어요/었어요」の文を作ってみましょう！

例 수업 (授業) + 끝나다 (終わる)
➡ 수업이 벌써 끝났어요. (もう授業が終わりました。)

① 그저께 (一昨日) + 비가 오다 (雨が降る)
➡

② 친구 (友だち) + 오다 (来る)
➡

③ 처음으로 (初めて) + 삼계탕을 만들다 (サムゲタンを作る)
➡

언니한테 **받은** 선물이에요.

姉から**もらった**プレゼントです。

~(し)た…:語幹+(으)ㄴ　過去連体形

이게 뭐예요?

어제 언니한테
받은 선물이에요.

これは何ですか。

昨日、姉からもらった
プレゼントです。

　動詞の母音語幹に「-ㄴ」、子音語幹に「-은」をつけると「간 (行った…)」「먹은 (食べた…)」などのように過去の出来事を表します。

語幹	表現	活用例 「-(으)ㄴ」
母音	먼저 가다 (先に行く) + 사람 (人)	먼저 간 사람 (先に、行った人)
	형이 주다 (兄がくれる) + 사전 (辞書)	형이 준 사전 (兄がくれた辞書)
ㄹ語幹	내가 만들다 ㄹ (私が作る) + 케이크 (ケーキ)	내가 만든 케이크 (私が作ったケーキ)
子音	어제 먹다 (昨日、食べる) + 떡 (お餅)	어제 먹은 떡 (昨日、食べたお餅)
	전에 듣다 ㄷ (以前聞く) + 이야기 (話)	전에 들은 이야기 (以前聞いた話)
	아까 굽다 ㅂ (先、焼く) + 빵 (パン)	아까 구운 빵 (先ほど焼いたパン)
하다	오늘 공부하다 (今日、勉強する) + 내용 (内容)	오늘 공부한 내용 (今日勉強した内容)

左ページの表のように

[練習1 **左ページの表のように「-(으)ㄴ」に直してみましょう！**

① 어제 가다 (昨日、行く) ＋ 공원 (公園) ➡

② 아침에 받다 (朝、もらう) ＋ 편지 (手紙) ➡

③ 아까 듣다 (さっき、聞く) ＋ 노래 (歌) ➡

[練習2 **日本語訳を見て下線のところを書き入れてみましょう！**

① 아까 _____ 분이 누구세요? 〈先、会った方はどなたですか。〉〈만나다〉

② 이 빵은 뭐로 _____ 거예요? 〈このパンは何で作ったものですか。〉〈만들다〉

③ 작년 생일에 _____ 선물은 뭐예요? 〈昨年の誕生日にもらったプレゼントは何ですか。〉〈받다〉

[練習3 **次の文を日本語に訳してみましょう！**

① 제가 만든 떡이에요.

➡

② 아까 먹은 떡볶이는 참 맛있었어요. (아까 : 先、참 : とても)

➡

③ 어제 본 영화는 재미있었어요?

➡

[練習4 **下線部に注意して、韓国語に訳してみましょう！**

① 姉からもらった本です。

➡

② その歌は聞いたことがあります。

➡

③ 今焼いたパンです。(今 : 지금)

➡

[練習5 **例にならって「-(으)ㄴ」の文を作ってみましょう！**

例 수업 (授業) ＋ 끝나다 (終わる)

➡ 수업이 끝난 다음에 만나요. (授業が終わった後、会いましょう。)

① 보다 (見る) ＋ 영화 (映画)

➡

② 만들다 (作る) ＋ 김밥 (キムパプ)

➡

③ 듣다 (聞く) ＋ 이야기 (話)

➡

18

친구를 **만난 후에** 가요.

友だちに**会った後で**行きます。

~(し)た後で：**語幹**＋**(으)ㄴ 후에**　動作の前後

언제 영화 보러*¹ 가요?

친구를 만난 후에 가요.

いつ映画を見に行きますか。

友だちに会った後で行きます。

*1「-(으)러」は 64 参照

　　動詞の母音語幹に「-ㄴ 후에」、子音語幹に「-은 후에」をつけると、「간 후에 (行った後に)」「먹은 후에 (食べた後に)」などのように、ある出来事や行為が後続節のそれよりも先に行われたことを表します。また、「-(으)ㄴ 후에」と同じ表現に「-(으)ㄴ 다음에」というのもあります。

語幹	表現	活用例 「-(으)ㄴ 후에」
母音	차를 마시다 (お茶を飲む)	차를 마신 후에 (お茶を飲んだ後で)
	노래를 부르다 (歌を歌う)	노래를 부른 후에 (歌を歌った後で)
ㄹ語幹	왼쪽으로 돌다 (左に曲がる)	왼쪽으로 돈 후에 (左に曲がった後で)
	손을 잡다 (手を握る)	손을 잡은 후에 (手を握った後で)
子音	좀 걷다 ㄷ (ちょっと歩く)	좀 걸은 후에 (ちょっと歩いた後で)
	손을 씻다 (手を洗う)	손을 씻은 후에 (手を洗った後で)
하다	학교를 졸업하다 (学校を卒業する)	학교를 졸업한 후에 (学校を卒業した後で)

　① 물을 마시다 (水を飲む) ➡
　② 아침을 먹다 (朝ご飯を食べる) ➡
　③ 노래를 부르다 (歌を歌う) ➡

練習2　日本語訳を見て下線のところを書き入れてみましょう！
　① 한 시간 정도 ＿＿＿＿＿＿ 쉬어요. (1時間ほど歩いた後で休みましょう！)〈걷다〉
　② 김치를 ＿＿＿＿＿＿ 시식도 해요. (キムチを作ってから試食もします。)〈만들다〉
　③ 식사를 ＿＿＿＿＿＿ 노래방에 가요! (食事をしてからカラオケに行きましょう！)〈하다〉

練習3　次の文を日本語に訳してみましょう！
　① 저녁을 먹은 후에 산책해요! (산책하다 : 散歩する)
　　➡
　② 노래를 부른 다음에 물을 많이 마셨어요. (많이 : たくさん)
　　➡
　③ 졸업을 한 후에 바로 취직을 했어요. (바로 : すぐ、취직 : 就職)
　　➡

練習4　下線部に注意して、韓国語に訳してみましょう！
　① チヂミを食べた後でもっと注文しました。(チヂミ : 지짐이、注文する : 주문하다)
　　➡
　② 映画を見た後でご飯を食べましょう！
　　➡
　③ 試験勉強をした後でゲームをしました。(ゲーム : 게임)
　　➡

練習5　例にならって「-(으)ㄴ 후에/다음에」の文を作ってみましょう！
　例 끝나다 (終わる) + 만나다 (会う)
　　➡ 수업이 끝난 다음에 만나요. (授業が終わった後に会いましょう。)
　① 먹다 (食べる) + 공부하다 (勉強する)
　　➡
　② 마시다 (飲む) + 영화 (映画)
　　➡
　③ 걷다 (歩く) + 쉬다 (休む)
　　➡

인삼차를 마신 적이 있어요.

人参茶を飲んだことがあります。

~（し）たことがあります：**語幹＋(으)**ㄴ 적이 있어요   経験

> 인삼차를
> 마신 적이 있어요?

> 아뇨, 아직 한 번도
> 마신 적이 없어요.

> 人参茶を飲んだことが
> ありますか。

> いいえ、まだ、一度も
> 飲んだことがありません。

　動詞の母音語幹に「-ㄴ 적이 있어요」、子音語幹に「-은 적이 있어요」をつけると過去の経験を表します。「간 적이 있어요（行ったことがあります）」「먹은 적이 있어요（食べたことがあります）」のようになり、否定の場合は語幹に「-(으)ㄴ 적이 없어요（～（し）たことがありません）」をつけます。

語幹	表現	活用例「-(으)ㄴ 적이 있어요」
母音	인삼차를 마시다（人参茶を飲む）	인삼차를 마신 적이 있어요. （人参茶を飲んだことがあります）
	스키를 타다（スキーをする）	스키를 탄 적이 없어요? （スキーをしたことがありませんか）
ㄹ語幹	삿포로에서 살다 ㄹ（札幌で住む）	삿포로에서 산 적이 있어요. （札幌で住んたことがあります）
子音	약속을 잊다（約束を忘れる）	약속을 잊은 적이 있어요. （約束を忘れたことがあります）
	이야기를 듣다 ㄷ（話を聞く）	이야기를 들은 적이 없어요. （話を聞いたことがありません）
하다	연락하다（連絡する）	연락한 적이 있어요? （連絡したことがありますか）

練習1 左ページの表のように「-(으)ㄴ 적이 있어요」に直してみましょう！

① 한국 드라마를 보다 (韓国ドラマを見る) + 〜たことがあります ⇒

② 기타를 배우다 (ギターを習う) + 〜たことがありません ⇒

③ 유자차를 마시다 (ゆず茶を飲む) + 〜たことがありますか ⇒

練習2 日本語訳を見て下線のところを書き入れてみましょう！

① 전에 한국어를 ＿＿＿＿＿＿ 있어요? (前に韓国語を習ったことがありますか。)〈배우다〉

② 김치를 ＿＿＿＿＿＿ 있어요. (キムチを作ったことがあります。)〈만들다〉

③ 반 친구들과 노래방에 ＿＿＿＿＿＿ 있어요?
　　(クラスの友だちとカラオケに行ったことがありますか。)〈가다〉

練習3 次の文を日本語に訳してみましょう！

① 삼계탕을 먹은 적이 없어요. (삼계탕 : サムゲタン)
　　⇒

② 최근에 선물을 받은 적이 있어요? (최근 : 最近)
　　⇒

③ 졸업 후에 반 친구를 만난 적이 있어요. (졸업 : 卒業)
　　⇒

練習4 下線部に注意して、韓国語に訳してみましょう！

① マッコリを飲んだことがあります。(マッコリ : 막걸리)
　　⇒

② 約束を忘れたことがありますか。
　　⇒

③ その話は聞いたことがありません。(이야기 : 話)
　　⇒

練習5 例にならって「-(으)ㄴ 적」の文を作ってみましょう！

例 친구 (友だち) + 산책하다 (散歩する)

⇒ 친구하고 산책한 적이 없어요. (友たちと散歩したことがありません。)

① 아프리카 (アフリカ) + 여행을 가다 (旅行に行く)
　　⇒

② 아이돌 (アイドル) + 만나다 (会う)
　　⇒

③ 영화 (映画) + 보다 (見る)
　　⇒

한국어를 **공부한 지** 1년이 지났어요.

韓国語を**勉強して**1年が経ちました。

~（し）て、~（し）てから：**語幹+(으)ㄴ지** 　時間の経過

한국어를 배운 지
얼마 됐어요?

네, 한국어를 공부한 지
1년이 지났어요.

韓国語を習って
どれくらい経ちましたか。

そうですね、韓国語を
勉強して1年が経ちました。

　動詞の母音語幹に「-ㄴ 지」、子音語幹に「-은 지」をつけると「~（し）て、~（し）てから」という意味になります。「간 지（行って（から））」「먹은 지（食べて（から））」などのように、ある出来事に対しての時間の経過を表します。

語幹	表現	活用例「-(으)ㄴ 지」
母音	친구를 만나다 (友だちに会う)	친구를 만난 지 (友だちに会って)
	컴퓨터를 사다 (コンピューターを買う)	컴퓨터를 산 지 (コンピューターを買って)
	편지를 쓰다 (手紙を書く)	편지를 쓴 지 (手紙を書いて)
ㄹ語幹	터널을 만들다 ㄹ (トンネルを作る)	터널을 만든 지 (トンネルを作って)
子音	점심을 먹다 (昼ご飯を食べる)	점심을 먹은 지 (昼ご飯を食べて)
	나무를 심다 (木を植える)	나무를 심은 지 (木を植えて)
	같이 걷다 ㄷ (いっしょに歩く)	같이 걸은 지 (いっしょに歩いて)

練習1 左ページの表のように「-(으)ㄴ 지」に直してみましょう！
① 편지를 <u>쓰다</u> (手紙を書く) ＋てから ⇒
② 저녁을 <u>먹다</u> (夕ご飯を食べる) ＋てから ⇒
③ 꽃을 <u>심다</u> (花を植える) ＋てから ⇒

練習2 日本語訳を見て下線のところを書き入れてみましょう！
① 기타를 ＿＿＿＿＿＿＿＿ 2년이 되었어요. (ギターを習ってから2年になりました。) 〈배우다〉
② 김치를 ＿＿＿＿＿＿＿＿ 일주일이 지났어요. (キムチを作ってから1週間が経ちました。) 〈만들다〉
③ 소문을 ＿＿＿＿＿＿＿＿ 며칠 되었어요. (噂を聞いて何日かが経ちました。) 〈듣다〉

練習3 次の文を日本語に訳してみましょう！
① 감기에 걸린 지 3일째예요. (감기에 걸리다 : 風邪を引く、째 : 〜目)
⇒
② 영화관에 간 지 1년이 넘었어요. (영화관 : 映画館、넘다 : 過ぎる)
⇒
③ 졸업을 한 지 얼마나 되었어요? (얼마나 : どのくらい、되다 : なる)
⇒

練習4 下線部に注意して、韓国語に訳してみましょう！
① 英語を<u>勉強して</u> 10 年が過ぎました。
⇒
② その話を<u>聞いてから</u> 1 週間になりました。
⇒
③ 友だちに<u>会ってから</u> 1 か月になりました。 (1か月 : 한 달)
⇒

練習5 例にならって「-(으)ㄴ 지」の文を作ってみましょう！
例 구두 (靴) ＋ 사다 (買う)
⇒ 이 구두를 산 지 삼 년이 되었어요. (この靴を買って3年になりました。)
① 태권도 (テコンドー) ＋ 배우다 (学ぶ)
⇒
② 친구 (友だち) ＋ 만나다 (会う)
⇒
③ 가족 (家族) ＋ 여행 (旅行)

자주 **가던** 식당이에요.

よく**行っていた**食堂です。

~（し）ていた…: 語幹＋던 回想・未完了

> 그 식당은
> 자주 가세요?

> 네, 자주 가던
> 식당이에요.

> あの食堂は
> よく行きますか。

> はい、よく行っていた
> 食堂です。

〇〇 식당

動詞の語幹のパッチムの有無に関係なく「-던」をつけると、「～した…」「～していた…」という意味になります。「가다 (行く)」は「가던 (行った…)」、「먹다 (食べる)」は「먹던 (食べた…、食べていた…)」のようになり、過去に繰り返していたことを回想したり、過去に完了していないことを表します。

表現	活用例 「-던」
늘 다니다 (いつも通う) + 식당 (食堂)	늘 다니던 식당 (いつも通っていた食堂)
자주 듣다 (よく聞く) + 음악 (音楽)	자주 듣던 음악 (よく聞いていた音楽)
가끔 먹다 (たまに食べる) + 음식 (料理)	가끔 먹던 음식 (たまに食べていた料理)
같이 놀다 (いっしょに遊ぶ) + 친구 (友だち)	같이 놀던 친구 (いっしょに遊んでいた友だち)
전혀 모르다 (全く知らない) + 사실 (事実)	전혀 모르던 사실 (全く知らなかった事実)
아까 마시다 (先ほど、飲む) + 커피 (コーヒー)	아까 마시던 커피 (先ほど飲んでいたコーヒー)
형이 입다 (兄が着る) + 옷 (服)	형이 입던 옷 (兄が着ていた服)

練習1 左ページの表のように「-던」に直してみましょう!

① 자주 먹다 (よく食べる) + 과자 (お菓子) ⇒

② 가끔 가다 (たまに行く) + 공원 (公園) ⇒

③ 엄마가 입다 (母が着る) + 옷 (服) ⇒

練習2 日本語訳を見て下線のところを書き入れてみましょう!

① 아침에 _____ 일이 남았어요. (朝やっていた仕事が残りました。) 〈하다〉

② 친구하고 _____ 곳이에요. (友だちと遊んでいた所です。) 〈놀다〉

③ 늘 _____ 거 주세요. (いつも食べていたものをください。) 〈먹다〉

練習3 次の文を日本語に訳してみましょう!

① 아까 듣던 노래는 어떤 노래예요? (어떤 : どんな)

⇒

② 여기는 친구와 자주 걷던 길이에요. (길 : 道)

⇒

③ 어제 보던 영화는 재미있었어요? (재미있다 : 面白い)

⇒

練習4 下線部に注意して、韓国語に訳してみましょう!

① この前、読んでいた本です。 (この前 : 지난번에)

⇒

② 私が飲んでいたコーヒーです。

⇒

③ 昔、よく聞いていた歌です。 (昔 : 옛날에)

⇒

練習5 例にならって「-던」の文を作ってみましょう!

例 쓰다 (使う) + PC (パソコン)

⇒ 지금까지 쓰던 PC예요. (今まで使ってたパソコンです。)

① 언니 (姉) + 입다 (着る) + 교복 (制服)

⇒

② 옛날 (昔) + 즐겨 마시다 (好んで飲む) + 차 (お茶)

⇒

③ 친구 (友だち) + 자주 가다 (よく行く) + 카페 (カフェ)

⇒

졸업식 때 **입었던** 옷이에요.

卒業式のとき**着**ていた服です。

~（し）ていた、~（し）た…: 語幹+았던/었던　回想・完了

이 옷은 멋있네요!

졸업식 때 입었던 옷이에요.

この服は素敵ですね。

卒業式のとき、
着ていた服です。

　動詞や形容詞、存在詞、指定詞などの語幹末の母音が陽母音（「ㅏ, ㅗ, ㅑ」）のときは「-았던」を、陰母音（「ㅏ, ㅗ, ㅑ」を除いた母音）のときは「-었던」をつけると、過去に起こったことや状態を回想する意味になります。「가다（行く）」は「갔던（行った…）」、「좋다（よい）」は「좋았던（よかった…）」のようになります。この表現は、 **21** の「-던」と違って現在はそれが続いていないことを表します。

母音	表現	活用例 「-았던/었던」
陽母音	같이 놀다 (いっしょに遊ぶ) + 친구 (友だち)	같이 놀았던 친구 (いっしょに遊んでいた友だち)
	좋다 (よい) + 추억 (思い出)	좋았던 추억 (よかった思い出)
陰母音	늘 다니다 (よく通う) + 식당 (食堂)	늘 다녔던 식당 (いつも通っていた食堂)
	가끔 먹다 (たまに食べる) + 음식 (料理)	가끔 먹었던 음식 (たまに食べていた料理)
	아까 마시다 (先ほど飲む) + 커피 (コーヒー)	아까 마셨던 커피 (先ほど、飲んでいたコーヒー)
하다	공부하다 (勉強する) + 내용 (内容)	공부했던 내용 (勉強した内容)

左ページの表のように「-았던/었던」に直してみましょう!

① 자주 먹다 (よく食べる) + 과자 (お菓子) ➡

② 늘 가다 (いつも行く) + 공원 (公園) ➡

③ 가끔 마시다 (たまに飲む) + 술 (お酒) ➡

練習2 日本語訳を見て下線のところを書き入れてみましょう!

① 아침에 ＿＿＿＿＿＿ 일이에요. (朝やった仕事です。)〈하다〉

② 어릴 때 친구하고 ＿＿＿＿＿＿ 곳이에요. (幼い時、友だちと遊んだ所です。)〈놀다〉

③ 어제 ＿＿＿＿＿＿ 거 주세요. (昨日食べたのください。)〈먹다〉

練習3 次の文を日本語に訳してみましょう!

① 엄마가 옛날에 들었던 노래는 어떤 노래예요? (어떤 : どんな)

➡

② 예전에 자주 갔던 곳이에요. 많이 바뀌었네요. (예전 : 昔、바뀌다 : 変わる)

➡

③ 지난번에 보았던 영화는 재미있었어요? (지난번 : この前、재미있다 : 面白い)

➡

練習4 下線部に注意して、韓国語に訳してみましょう!

① 前に読んだ本です。お勧めします。 (お勧めする : 추천하다)

➡

② さっき飲んだのはこれじゃありません。

➡

③ 昔、通っていた学校です。

➡

練習5 例にならって「-았던/었던」の文を作ってみましょう!

例 쓰다 (使う) + 스마트폰 (スマートフォン)

➡ 전에 썼던 스마트폰이에요. (以前に使ったスマートフォンです。)

① 입학식 (入学式) + 입다 (着る) + 정장 (スーツ)

➡

② 옛날 (昔) + 마시다 (飲む) + 차 (お茶)

➡

③ 자주 만나다 (よく会う) + 선배 (先輩)

➡

아침은 **안 먹어요.**

朝ご飯は**食べません。**

〜(し)ない、〜(く)ない：안＋用言 否定

아침은 뭘 드세요?

아침은 보통 안 먹어요.

朝は何を
召し上がりますか。

ふだん、朝ご飯は
食べません。

動詞や形容詞の前に「안」をつけると「〜ない」という意味になります。また、「공부하다 (勉強する)」のような「하다動詞」の場合は、「공부 안 하다 (勉強しない)」のように「하다」の前に「안」をつけます。

ただし、「좋아하다 (好きだ)」ような「하다形容詞」や「편하다 (楽だ)」、통하다 (通じる)」などのような「1字漢字＋하다」用言の場合は、用言の前に「안」をつけます。

表現	活用例 「안 -」
학교에 가다 (学校に行く)	학교에 안 가요 (学校に行きません)
서울에 살다 (ソウルに住む)	서울에 안 살아요 (ソウルに住んでいません)
공원을 걷다 ㄷ (公園を歩く)	공원을 안 걸어요 (公園を歩きません)
경치가 좋다 (景色がいい)	경치가 안 좋아요 (景色がよくありません)
오늘은 덥다 ㅂ (今日は暑い)	오늘은 안 더워요 (今日は暑くありません)
같이 공부하다 (一緒に勉強する)	같이 공부 안 해요 (一緒に勉強しません)
집이 조용하다 (家が静かだ)	집이 안 조용해요 (家が静かではありあません)

練習1 左ページの表のように「안 -아요/어요」に直してみましょう！

① 아침을 먹다 (朝ご飯を食べる) ⇒

② 도서관에 가다? (図書館に行く？) ⇒

③ 오늘은 춥다 (今日は寒い) ⇒

練習2 日本語訳を見て下線のところを書き入れてみましょう！

① 교실은 ＿＿＿＿＿＿＿＿＿＿. (教室は暑くありません。) 〈덥다〉

② 밖에서 ＿＿＿＿＿＿＿＿＿＿. (外で遊びません。) 〈놀다〉

③ 요즘 많이 ＿＿＿＿＿＿＿＿＿？ (このごろあまり歩かないんですか。) 〈걷다〉

練習3 次の文を日本語に訳してみましょう！

① 오늘은 드라마 안 봐요? (오늘 : 今日)

⇒

② 스마트폰 때문에 책을 잘 안 읽어요. (때문에 : ～ために、잘 : よく)

⇒

③ 좀처럼 운동을 안 해요. (좀처럼 : なかなか)

⇒

練習4 下線部に注意して、韓国語に訳してみましょう！

① 午後にはコーヒーを飲みません。 (午後 : 오후、コーヒー : 커피)

⇒

② あの食堂は静かではありません。 (食堂 : 식당)

⇒

③ キムチをあまり食べないんですか。

⇒

練習5 例にならって「안」の文を作ってみましょう！

例 줄 (行列) + 길다 (長い)

⇒ 줄이 아직 안 길어요. (行列がまだ長くないです。)

① 도쿄 (東京) + 춥다 (寒い)

⇒

② 술 (お酒) + 마시다 (飲む)

⇒

③ 친구 (友だち) + 만나다 (会う)

⇒

날씨가 **좋지 않아요**.

天気がよくありません。

~（し）ません、～くありません：**語幹**＋지 않아요　否定

오늘 날씨는 좋아요?　　　날씨가 별로 좋지 않아요.

今日の天気は
いいですか。

あまり天気は
よくありません。

「먹지 않아요 (食べません)」「좋지 않아요 (よくありません)」のように、動詞や形容詞などの語幹に「-지 않아요」をつけると「～ません・～くありません」という意味になります。「-지 않아요」も「안-」もいずれも「～ない」という意味ですが、「-지 않아요」の方が「안-」よりフォーマルな表現です。

表現	活用例「-지 않아요」
학교에 가다 (学校に行く)	학교에 가지 않아요 (学校に行きません)
수영을 하다 (水泳をする)	수영을 하지 않아요 (水泳をしません)
미국에 살다 (アメリカに住む)	미국에 살지 않아요 (アメリカに住んでいません)
노래를 듣다 (歌を聞く)	노래를 듣지 않아요 (歌を聞きません)
오늘은 바쁘다 (今日は忙しい)	오늘은 바쁘지 않아요 (今日は忙しくありません)
같이 공부하다 (一緒に勉強する)	같이 공부하지 않아요 (一緒に勉強しません)
집이 조용하다 (家が静かだ)	집이 조용하지 않아요 (家が静かでありあません)

練習1 左ページの表のように「-지 않아요」に直してみましょう！

① 빵을 먹다 (パンを食べる) ⇒

② 은행에 가다 (銀行に行く) ⇒

③ 내일은 바쁘다? (明日は忙しい？) ⇒

練習2 日本語訳を見て下線のところを書き入れてみましょう！

① 토요일은 회사에 ＿＿＿＿＿＿＿＿＿＿＿＿. (土曜日は会社に行きません。)〈가다〉

② 요즘은 ＿＿＿＿＿＿＿＿＿＿＿＿? (最近は寒くありませんか。)〈춥다〉

③ 음악을 별로 ＿＿＿＿＿＿＿＿＿＿＿＿. (音楽をあまり聞きません。)〈듣다〉

練習3 次の文を日本語に訳してみましょう！

① 텔레비전을 잘 보지 않아요. (텔레비전 : テレビ)

⇒

② 교과서를 읽지 않았어요. (교과서 : 教科書)

⇒

③ 요즘은 만나지 않아요. (요즘은 : このごろは)

⇒

練習4 下線部に注意して、韓国語に訳してみましょう！

① 紅茶はあまり飲みません。 (紅茶 : 홍차、あまり : 별로)

⇒

② 今はソウルに住んでいません。

⇒

③ 夕ご飯を食べませんか。

⇒

練習5 例にならって「-지 않아요」の文を作ってみましょう！

例 집 (家) + 전화하다 (電話する)

⇒ 보통 집으로는 전화하지 않아요. (普段、家には電話しません。)

① 치마 (スカート) + 입다 (はく)

② 교통 (交通) + 좋다 (よい)

⇒

③ 오늘 (今日) + 덥다 (暑い)

⇒

술은 못 마셔요.

お酒は飲めません。

~することができない：못＋動詞 　不可能

어떤 술을 좋아하세요?　　　저는 술은 못 마셔요.

どんなお酒が
お好きですか。

私はお酒は
飲めません。

「못 가다（行けない）」「못 먹다（食べられない）」などのように動詞の前に「못」をつけると「~できない」という意味になります。また、「공부하다（勉強する）」のような「하다動詞」の場合は、「하다」の前に「못」をつけて「공부 못 하다（勉強できない）」のようになります。

表現	活用例「못 -」
학교에 가다 (学校に行く)	학교에 못 가요*¹ (学校に行けません)
친구를 돕다 ㅂ (友だちを助ける)	친구를 못 도와요*¹ (友だちを助けられません)
커피를 마시다 (コーヒーを飲む)	커피를 못 마셔요*² (コーヒーが飲めません)
김치를 먹다 (キムチを食べる)	김치를 못 먹어요*² (キムチが食べられません)
오래 걷다 ㄷ (長く歩く)	오래 못 걸어요*¹ (長く歩けません)
주스를 만들다 (ジュースを作る)	주스를 못 만들어요*² (ジュースが作れません)
오늘 공부하다 (今日勉強する)	오늘 공부 못 해요*³ (今日勉強できません)

＊1濃音化 [몯까요] [몯또와요] [몯꺼러요]
＊2鼻音化 [몬마셔요] [몬머거요] [몬만드러요]
＊3激音化 [모태요]

練習1 **左ページの表のように「못 -아요/어요」に直してみましょう!**

① '낫토'를 먹다 (「納豆」を食べる) ⇒

② 여행을 가다 (旅行に行く) ⇒

③ 전화를 하다 (電話をかける) ⇒

練習2 **日本語訳を見て下線のところを書き入れてみましょう!**

① 학교에 ＿＿＿＿＿＿＿＿＿＿. (学校に行けません。)〈가다〉

② 김치를 ＿＿＿＿＿＿＿＿＿＿. (キムチが作れません。)〈만들다〉

③ 요즘은 많이 ＿＿＿＿＿＿＿＿＿＿? (このごろはあまり歩けないんですか。)〈걷다〉

練習3 **次の文を日本語に訳してみましょう!**

① 아침에는 운동을 못 해요.

⇒

② 한국 신문은 아직 못 읽어요? (신문 : 新聞、아직 : まだ)

⇒

③ 평일에는 집안일을 못 도와요. (평일 : 平日, 집안일 : 家事)

⇒

練習4 **下線部に注意して、韓国語に訳してみましょう!**

① ブラックコーヒーは飲めませんか。 (ブラックコーヒー: 블랙커피)

② 今日は授業に出られないんです。 (授業: 수업)

⇒

③ キムチがあまり食べられないんです。

⇒

練習5 **例にならって「못」の文を作ってみましょう!**

例 드라마 (ドラマ) + 보다 (見る)

⇒ 오늘은 드라마를 못 봐요. (今日はドラマが見られません。)

① 기모노 (着物) + 입다 (着る)

⇒

② 커피 (コーヒー) + 마시다 (飲む)

⇒

③ 엄마 (母) + 돕다 (手伝う)

⇒

술은 **마시지 못해요**.

私は、お酒は**飲めません**。

~することができません：**動詞の語幹**＋지 못해요　不可能

어떤 술을 좋아하세요?

저는 술은 마시지 못해요.

どんなお酒が
お好きですか。

私はお酒は
飲めません。

「못 가요 (行けません)」「못 먹어요 (食べられません)」などと同じ不可能表現に、「가지 못해요 (行けません)」「먹지 못해요 (食べられません)」のように、動詞の語幹に「-지 못해요」をつける表現があります。「-지 못해요」は「못해요」より、フォーマルな感じがします。

表現	活用例 「-지 못해요」
학교에 가다 (学校に行く)	학교에 가지 못해요 (学校に行けません)
수영을 하다 (水泳をする)	수영을 하지 못해요 (水泳ができません)
커피를 마시다 (コーヒーを飲む)	커피를 마시지 못해요 (コーヒーが飲めません)
김치를 먹다 (キムチを食べる)	김치를 먹지 못해요 (キムがを食べられません)
오래 걷다 (長く歩く)	오래 걷지 못해요 (長く歩けません)
책을 읽다 (本を読む)	책을 읽지 못해요 (本が読めません)
많이 공부하다 (たくさん勉強する)	많이 공부하지 못해요 (たくさん勉強できません)

練習1　左ページの表のように「-지 못해요」に直してみましょう！

① 한자를 읽다 (漢字を読む) ⇒

② 집에 가다 (家に帰る) ⇒

③ 친구를 돕다? (友だちを手伝う？) ⇒

練習2　日本語訳を見て下線のところを書き入れてみましょう！

① 김밥을 ＿＿＿＿＿＿＿＿＿＿＿＿. (キムパッを作ることができません。)〈만들다〉

② 요즘 ＿＿＿＿＿＿＿＿＿＿＿＿. (最近、連絡できませんでした。)〈연락하다〉

③ 이야기를 ＿＿＿＿＿＿＿＿＿＿＿? (話を聞くことができませんでしたか。)〈듣다〉

練習3　次の文を日本語に訳してみましょう！

① 수영을 하지 못해요. (수영：水泳)
⇒

② 교과서를 읽지 못했어요. (교과서：教科書)
⇒

③ 요즘에는 자주 걷지 못해요. (자주：よく)
⇒

練習4　下線部に注意して、韓国語に訳してみましょう！

① このごろは会えません。
⇒

② 今は旅行ができません。
⇒

③ 夕ご飯を食べられなかったんですか。
⇒

練習5　例にならって「-지 못해요」の文を作ってみましょう！

例 번역 (翻訳) + 숙제를 하다 (宿題をする)
⇒ 오늘은 번역 숙제를 하지 못했어요. (今日は翻訳の宿題ができませんでした。)

① 지하철 (地下鉄) + 앉다 (座る)
⇒

② 주말 (週末) + 공부하다 (勉強する)
⇒

③ 일 (仕事) + 돕다 (手伝う)
⇒

비빔밥을 만들 수 있어요?

ビビンパㇷ゚を作ることができますか。

~することができます/できません：

語幹＋(으)ㄹ 수 있어요/없어요　可能・不可能

비빔밥을
만들 수 있어요?

아직 비빔밥을
만들 수 없어요.

> ビビンパㇷ゚を
> 作ることができますか。

> まだ、ビビンパㇷ゚を
> 作ることができません。

　動詞の母音語幹に「-ㄹ 수 있어요」、子音語幹に「-을 수 있어요」をつけると「갈 수 있어요（行くことができます）」「먹을 수 있어요（食べることができます）」のように能力や可能性を表します。また、「～することができません」は、「-ㄹ 수 없어요」となります。

語幹	表現	活用例「-(으)ㄹ 수 있어요/없어요」
母音	공원에 가다（公園に行く）	공원에 갈 수 있어요 （公園に行くことができます）
	영어를 공부하다 （英語を勉強する）	영어를 공부할 수 있어요 （英語を勉強することができます）
ㄹ語幹	반찬을 만들다 ㄹ（おかずを作る）	반찬을 만들 수 있어요? （おかずを作ることができますか）
子音	책을 읽다（本を読む）	책을 읽을 수 없어요? （本を読むことができませんか）
	형을 돕다 ㅂ（兄を手伝う）	형을 도울 수 없어요 （兄を手伝うことができません）
	음악을 듣다 ㄷ（音楽を聞く）	음악을 들을 수 있어요 （音楽を聞くことができます）
	약을 먹다（薬を飲む）	약을 먹을 수 없어요 （薬を飲むことができません）

練習1 左ページの表のように「-(으)ㄹ 수 있어요/없어요」に直してみましょう!
① 한글을 읽다 (ハングルを読む) ⇒
② 모임에 가다 (集まりに行く) ⇒
③ 일을 돕다 (仕事を手伝う) ⇒

練習2 日本語訳を見て下線のところを書き入れてみましょう!
① 떡볶이를 _____. (トッポッキを作れます。) 〈만들다〉
② 지금 _____? (今、連絡できますか。) 〈연락하다〉
③ 라디오를 _____. (ラジオを聞くことができます。) 〈듣다〉

練習3 次の文を日本語に訳してみましょう!
① 언제쯤 먹을 수 있어요? (언제쯤 : いつ頃)
⇒
② 한국 신문을 읽을 수 있어요. (신문 : 新聞)
⇒
③ 아직 여행을 할 수 없어요? (아직 : まだ、여행 : 旅行)
⇒

練習4 下線部に注意して、韓国語に訳してみましょう!
① 一人で勉強できます。(一人で : 혼자서)
⇒
② デパートに行くことができますか。(デパート : 백화점)
⇒
③ 今日、いっしょに夕食を食べられますか。
⇒

練習5 例にならって「-(으)ㄹ 수 있어요/없어요」の文を作ってみましょう!
例 카페 (カフェ) + 와이파이를 쓰다 (Wi-Fiを使う)
⇒ 카페에서 와이파이를 쓸 수 있어요? (カフェでWi-Fiが使えますか。)
① 음식 (料理) + 만들다 (作る)
⇒
② 언제 (いつ) + 메일을 보내다 (メールを送る)
⇒
③ 집안일 (家事) + 돕다 (手伝う)
⇒

집에 **가자마자** 잤어요.

家に**帰るやいなや**寝ました。

〜やいなや、〜とすぐに、〜なり：語幹＋**자마자** 連続生起

어제는 집에 가서
뭐 했어요?

집에 가자마자 잤어요.

昨日は家に帰って
何をしましたか。

家に帰るやいなや
寝ました。

　動詞の語幹に「-자마자」をつけると「가자마자 (行くやいなや)」「먹자마자 (食べるやいなや)」のように、「〜やいなや、〜とすぐに、〜なり」という意味で、ある事態や行動が終わり、すぐに次の行動が連続して起こることを表します。

表現	活用例 「-자마자」
공원에 가다 (公園に行く)	공원에 가자마자 (公園に行くやいなや)
수업이 끝나다 (授業が終わる)	수업이 끝나자마자 (授業が終わるやいなや)
손을 씻다 (手を洗う)	손을 씻자마자 (手を洗うやいなや)
침대에 눕다 (ベッドに横になる)	침대에 눕자마자 (ベッドに横になるやいなや)
책을 읽다 (本を読む)	책을 읽자마자 (本を読むやいなや)
음악을 듣다 (音楽を聞く)	음악을 듣자마자 (音楽を聞くやいなや)
졸업을 하다 (卒業をする)	졸업을 하자마자 (卒業をするやいなや)

左ページの表のように「-자마자」に直してみましょう！

① 소설을 <u>읽다</u> (小説を読む) ➡

② 저녁을 <u>먹다</u> (夕食を食べる) ➡

③ 대학을 <u>졸업하다</u> (大学を卒業する) ➡

練習2 日本語訳を見て<u>下線</u>のところを書き入れてみましょう！

① 떡볶이를 ＿＿＿＿＿＿ 다 먹었어요. (トッポッキを作ってすぐに全部食べました。)〈만들다〉

② 친구에게 ＿＿＿＿＿＿ 답장이 왔어요. (友だちに連絡したらすぐ返事が来ました。)〈연락하다〉

③ 노래를 ＿＿＿＿＿＿ 같이 불렀어요. (歌を聞くやいなやいっしょに歌いました。)〈듣다〉

練習3 次の文を日本語に訳してみましょう！

① 아들은 늘 아침을 먹자마자 나가요. (나가다 : 出かける)

➡

② 메시지를 읽자마자 웃었어요. (메시지 : メッセージ)

➡

③ 식사를 마치자마자 커피가 나왔어요. (마치다 : 終える)

➡

練習4 <u>下線部</u>に注意して、韓国語に訳してみましょう！

① 授業が<u>終わるやいなや</u>出ます。(終わる : 끝나다)

➡

② 卒業<u>してすぐ</u>独立しました。(独立する : 독립하다)

➡

③ 便りを<u>聞くやいなや泣き</u>ました。(便り : 소식、泣く : 울다)

➡

練習5 例にならって「-자마자」の文を作ってみましょう！

例 도착하다 (到着する) + 전화하다 (電話する)

➡ 공항에 도착하자마자 친구에게 전화했어요.
(空港に着くやいなや友だちに電話しました。)

① 앉다 (座る) + 졸다 (居眠りする)

➡

② 메일 (メール) + 보내다 (送る)

➡

③ 만나다 (会う) + 악수하다 (握手する)

➡

학교에 **가다가** 친구를 만났어요.

学校に**行く途中で**友だちに会いました。

~して、~する途中で、~していたが：**語幹＋다가** 中断・途中

친구를 언제 만났어요?

학교에 가다가 만났어요.

友だちにいつ
会いましたか。

学校に行く途中で
会いました。

　動詞の語幹に「-다가」をつけると「가다가（行く途中で）」「먹다가（食べて
いて）」のように、「~して、~する途中で、~していたが」という意味で、ある
行為や状態が中断して、他の行為や状態に変わることを表します。

表現	活用例 「-다가」
스키를 타다 (スキーをする)	스키를 타다가 (スキーをしていて)
짐을 들다 (荷物を持つ)	짐을 들다가 (荷物を持っていて)
의자에 앉다 (椅子に座る)	의자에 앉다가 (椅子に座る途中で)
빵을 만들다 (パンを作る)	빵을 만들다가 (パンを作っていて)
책을 읽다 (本を読む)	책을 읽다가 (本を読んでいて)
길을 걷다 (道を歩く)	길을 걷다가 (道を歩いている途中で)
공부를 하다 (勉強をする)	공부를 하다가 (勉強をしていて)

練習1 左ページの表のように「-다가」に直してみましょう！

① 드라마를 <u>보다</u> (ドラマを見る) ➡

② 만화책을 <u>읽다</u> (マンガの本を読む) ➡

③ 친구한테 전화<u>하다</u> (友だちに電話する) ➡

練習2 日本語訳を見て下線のところを書き入れてみましょう！

① 삿포로에 ＿＿＿＿＿＿＿＿ 도쿄로 왔어요. (札幌に住んでいたが東京に来ました。)〈살다〉

② ＿＿＿＿＿＿＿＿ 쉬어요. (運動をしている途中で休みます。)〈운동하다〉

③ 이야기를 ＿＿＿＿＿＿＿＿ 나갔어요. (話を聞いている途中で出かけました。)〈듣다〉

練習3 次の文を日本語に訳してみましょう！

① 짐을 들다가 허리를 다쳤어요. (허리 : 腰、다치다 : 痛める)

➡

② 신문을 읽다가 말았어요. (말다 : やめる)

➡

③ 김치를 안 먹다가 이제는 잘 먹어요.

➡

練習4 下線部に注意して、韓国語に訳してみましょう！

① 道を<u>歩いている途中で</u>座って休んでいます。

➡

② <u>散歩していて</u>友だちに会いました。 (散歩する : 산책하다)

➡

③ <u>勉強していて</u>いっしょに夕飯を食べましょう！ (夕ご飯 : 저녁)

➡

練習5 例にならって「-다가」の文を作ってみましょう！

例 쓰다 (使う) + 바꾸다 (変える)

➡ 폴더폰을 쓰다가 스마트폰으로 바꾸었어요.

（ガラケーを使っていたがスマートフォンに変えました。）

① 먹다 (食べる) + 나가다 (出かける)

➡

② 가다 (行く) + 돌아오다 (帰る)

➡

③ 드라마를 보다 (ドラマを見る) + 태우다 (焦がす)

➡

30

오늘은 **늦게** 일어났어요.

今日は**遅く**起きました。

~く：形容詞の語幹+게　状態の修飾

오늘 아침엔 몇 시에
일어났어요?

오늘은 좀 늦게
일어났어요.

今朝は何時に
起きましたか。

今朝はちょっと遅く
起きました。

　形容詞の語幹に「-게」をつけると、「크게 (大きく)」「작게 (小さく)」のように副詞の役割をし、後続の動作を修飾します。

表現	活用例「-게 -아요/어요」
맛있다 (おいしい) + 먹다 (食べる)	맛있게 먹어요 (おいしく食べます)
재미있다 (面白い) + 읽다 (読む)	재미있게 읽어요 (面白く読みます)
조용하다 (静かだ) + 말하다 (話す)	조용하게 말해요 (静かに話します)
크다 (大きい) + 만들다 (作る)	크게 만들어요 (大きく作ります)
행복하다 (幸せだ) + 살다 (暮らす)	행복하게 살아요 (幸せに暮らしています)
가깝다 (近い) + 느껴지다 (感じられる)	가깝게 느껴져요 (近く感じられます)
깨끗하다 (きれいだ) + 청소하다 (掃除する)	깨끗하게 청소해요 (きれいに掃除します)

68

練習1 左ページの表のように「-게 -아요/어요」に直してみましょう！

① 크다 (大きい) + 만들다 (作る) ⇒

② 따뜻하다 (暖かい) + 입다 (着る) ⇒

③ 짧다 (短い) + 깎다 (刈る) ⇒

練習2 日本語訳を見て下線のところを書き入れてみましょう！

① 교실을 ＿＿＿＿＿＿＿＿ 해요. (教室を暖かくします。) 〈따뜻하다〉

② 여기서 ＿＿＿＿＿＿＿＿ 놀아요. (ここで楽しく遊びましょう。) 〈재미있다〉

③ 좀 ＿＿＿＿＿＿＿＿ 해 주세요. (ちょっと辛くしてください。) 〈맵다〉

練習3 次の文を日本語に訳してみましょう！

① 갈비를 맛있게 먹었어요.

⇒

② 사과를 예쁘게 깎았어요. (깎다 : むく)

⇒

③ 창문을 깨끗하게 닦아요. (닦다 : 拭く)

⇒

練習4 下線部に注意して、韓国語に訳してみましょう！

① コーヒーをおいしくいれました。(コーヒーをいれる : 커피를 타다)

⇒

② 昨晩は、遅く寝ました。(昨晩 : 어젯밤、遅い : 늦다)

⇒

③ 部屋を明るくしました。(明るい : 밝다)

⇒

練習5 例にならって「-게 -아요/어요」の文を作ってみましょう！

例 맛있다 (おいしい) + 만들다 (作る)

⇒ 맛있게 만들어 주세요. (おいしく作ってください。)

① 재미있다 (面白い) + 보다 (見る)

⇒

② 즐겁다 (楽しい) + 지내다 (過ごす)

⇒

③ 친절하다 (親切だ) + 말하다 (言う)

⇒

시원한 맥주를 마시고 싶어요.

冷たいビールを飲みたいです。

~い…：語幹+(으)ㄴ 形容詞の現在連体形

뭘 마시고 싶어요?

시원한 맥주를
마시고 싶어요.

何を飲みたいですか。

冷たいビールを
飲みたいです。

形容詞の母音語幹に「-ㄴ」、子音語幹に「-은」をつけると、「시원한 (冷たい…)」「좋은 (よい…)」などのように、後ろに続く名詞を修飾します。また、形容詞の現在連体形の形は動詞につくと、「간 (行った…)」「먹은 (食べた…)」のように過去連体形になります。

語幹	表現	活用例 「-(으)ㄴ」
母音	바쁘다 (忙しい) + 시간 (時間)	바쁜 시간 (忙しい時間)
	비싸다 (高い) + 휴대폰 (携帯電話)	비싼 휴대폰 (高い携帯電話)
	깨끗하다 (きれいだ) + 양말 (靴下)	깨끗한 양말 (きれいな靴下)
ㄹ語幹	달다 ㄹ (甘い) + 음식 (食べ物)	단 음식 (甘い食べ物)
子音	두껍다 ㅂ (厚い) + 손수건 (ハンカチ)	두꺼운 손수건 (厚いハンカチ)
	많다 (多い) + 숙제 (宿題)	많은 숙제 (多い宿題)
	좋다 (よい) + 사람 (人)	좋은 사람 (いい人)

練習1 **左ページの表のように「-(으)ㄴ」に直してみましょう!**

① 조용하다 (静かだ) + 카페 (カフェ) ➡

② 귀엽다 (かわいい) + 아기 (赤ちゃん) ➡

③ 값이 싸다 + 물건 (品物) ➡

練習2 **日本語訳を見て下線のところを書き入れてみましょう!**

① _____ 가게가 좋아요. (きれいな店がいいです。) 〈깨끗하다〉

② _____ 케이크가 맛있어요. (甘いケーキがおいしいです。) 〈달다〉

③ _____ 날씨예요. (寒い天気です。) 〈춥다〉

練習3 **次の文を日本語に訳してみましょう!**

① 내일은 바쁜 날이에요. (날:日)

➡

② 비싼 휴대폰은 못 사요. (휴대폰:携帯電話)

➡

③ 오늘도 행복한 하루를 보내세요. (행복하다:幸せだ、보내다:過ごす)

➡

練習4 **下線部に注意して、韓国語に訳してみましょう!**

① 甘くて辛いトッポッキがおいしいです。

➡

② 大きい荷物がたくさんありました。 (荷物:짐)

➡

③ しょっぱい食べ物は食べません。 (しょっぱい:짜다)

➡

練習5 **例にならって「-(으)ㄴ」の文を作ってみましょう!**

例 맵다 (辛い) + 라면 (ラーメン)

➡ 매운 라면을 좋아해요. (辛いラーメンが好きです。)

① 귀엽다 (かわいい) + 가방 (カバン)

➡

② 예쁘다 (きれいだ) + 원피스 (ワンピース)

➡

③ 멋지다 (素敵だ) + 배우 (俳優)

➡

이 김치는 **맵지만** 맛있어요.

このキムチは**辛いけど**おいしいです。

～けど：**語幹**＋지만 逆接

이 김치 맵지만 맛있어요? | 맵지만 맛있어요.

このキムチは
辛くありませんか。

辛いけど
おいしいです。

　動詞や形容詞の語幹のパッチムの有無にかかわらず「-지만」をつけると、「먹지만 (食べますが)」「좋지만 (よいですが)」などのように逆接や前提の「～が」「～けど」などの意味になります。なお、過去の場合は、「먹었지만 (食べたけど)」「좋았지만 (食べたけど)」のように陽母音語幹には「았지만」、陰母音語幹には「었지만」をつけます。

表現	活用例 「-지만」
맵다 (辛い) + 맛있다 (おいしい)	맵지만 맛있어요 (辛いけどおいしいです)
많이 먹다 (たくさん食べる) + 날씬하다 (スリムだ)	많이 먹지만 날씬해요 (たくさん食べますがスリムです)
어렵다 (難しい) + 재미있다 (面白い)	어렵지만 재미있어요 (難しいけど面白いです)
작다 (小さい) + 비싸다 (高い)	작지만 비싸요 (小さいけど高いです)
좁다 (狭い) + 깨끗하다 (きれいだ)	좁지만 깨끗해요 (狭いですがきれいです)
갔다 (行った) + 못 만났다 (会えなかった)	갔지만 못 만났어요 (行ったけど会えなかったです)

練習1 左ページの表のように「-지만 -아요/어요」に直してみましょう！

① 좁다 (狭い) + 편하다 (楽だ) ➡

② 어렵다 (難しい) + 재미있다 (面白い) ➡

③ 싸다 (安い) + 질이 좋다 (質がよい) ➡

練習2 日本語訳を見て下線のところを書き入れてみましょう！

① 가게가 _____ 좁아요. (店がきれいですが狭いです。)

② 약간 _____ 맛있어요. (少し甘いですがおいしいです。)〈달다〉

③ 좀 _____ 괜찮아요. (ちょっと難しいですが、大丈夫です。)

練習3 次の文を日本語に訳してみましょう！

① 많이 잤지만 졸려요. (자다 : 寝る、졸리다 : 眠い)

➡

② 스마트폰은 비싸지만 편리해요. (편리하다 : 便利だ)

➡

③ 바쁘지만 즐거워요. (바쁘다 : 忙しい、즐겁다 : 楽しい)

➡

練習4 下線部に注意して、韓国語に訳してみましょう！

① たくさん食べましたが、おなかがすいています。(おなかがすく : 배고프다)

➡

② おいしいですがちょっと辛いです。

➡

③ しょっぱいですが食べられます。(しょっぱい : 짜다)

➡

練習5 例にならって「-지만 -아요/어요」の文を作ってみましょう！

例 맵다 (辛い) + 좋아하다 (好きだ)

➡ 떡볶이는 맵지만 좋아해요. (トッポッキは辛いけど好きです。)

① 듣다 (聞く) + 어렵다 (難しい)

➡

② 어렵다 (難しい) + 재미있다 (面白い)

➡

③ 비싸다 (高い) + 사다 (買う)

➡

내일 명동에 **가는데** 같이 가요!

明日、明洞に**行きますが**、いっしょに行きましょう。

〜が、〜から、〜ので、〜けど：**動詞・存在詞（있다, 없다）の語幹+는데/ 形容詞・指定詞（이다）の語幹+(으)ㄴ데** **状況説明・背景・前提**

내일 명동에 가는데
같이 가요!

가고 싶은데
다른 약속이 있어요.

明日、明洞に
行きますが、いっしょに
行きましょう。

行きたいですが、
他の約束があります。

　動詞や存在詞の語幹に「-는데」、形容詞の語幹に「-(으)ㄴ데」、指定詞 (이다) の語幹に「-ㄴ데」をつけると、「먹는데 (食べるが)」、「좋은데 (よいが)」、「학생인데 (学生だが)」のように、後続文の背景や前提を表したり、後続文に先行文の内容と対照的な事柄が続くことを表します。なお、過去表現は「먹었는데 (食べたが)」、「좋았는데 (よかったが)」のように、語幹に「-았는데/었는데」をつけます。

表現	活用例「-는데/(으)ㄴ데」
늘 만나다 (いつも会う)	늘 만나는데 (いつも会っているが)
가끔 먹다 (たまに食べる)	가끔 먹는데 (たまに食べるが)
떡을 만들다 ㄹ (お餅を作る)	떡을 만드는데 (お餅を作りますが)
돈이 없다 (お金がない)	돈이 없는데 (お金がないんですが)
문제가 어렵다 ㅂ (問題が難しい)	문제가 어려운데 (問題が難しいが)
날씨가 좋다 (天気がいい)	날씨가 좋은데 (天気がいいが)
아직 학생이다 (まだ、学生だ)	아직 학생인데 (まだ、学生ですが)

練習1 **左ページの表のように「-는데/(으)ㄴ데」に直してみましょう!**

① 의자에 앉다 (椅子に座る) ⇒

② 문제가 쉽다 (問題が易しい) ⇒

③ 청바지를 입었다 (ジーパンをはいた) ⇒

練習2 **日本語訳を見て下線のところを書き入れてみましょう!**

① 식당이 ＿＿＿＿＿＿＿ 좀 좁아요. (食堂がきれいですが、少し狭いです。)〈깨끗하다〉

② 좀 ＿＿＿＿＿＿＿ 먹을 수 있어요? (ちょっと辛いけど、食べられますか。)〈맵다〉

③ 떡볶이를 ＿＿＿＿＿＿＿ 어렵네요. (トッポッキを作るんですが、難しいですね。)〈만들다〉

練習3 **次の文を日本語に訳してみましょう!**

① 많이 잤는데 졸려요.

  ⇒

② 스마트폰은 편리한데 비싸요.

  ⇒

③ 여행을 가고 싶은데 돈이 없어요.

  ⇒

練習4 **下線部に注意して、韓国語に訳してみましょう!**

① たくさん食べましたが、お腹がすいています。

  ⇒

② 美味しいですがちょっと 辛いです。

  ⇒

③ 天気もいいのでいっしょに歩きましょう。

  ⇒

練習5 **例にならって「-는데/(으)ㄴ데」の文を作ってみましょう!**

例 잡채를 만들다 (チャプチェを作る) + 설탕도 넣다 (砂糖も入れる)

  ⇒ 잡채를 만드는데 설탕도 넣어요? (チャプチェを作るのに砂糖も入れますか。)

① 노래를 듣다 (歌を聞く) + 가사가 좋다 (歌詞がよい)

  ⇒

② 학생이다 (学生だ) + 입장하다 (入場する)

  ⇒

③ 자주 만나다 (よく会う) + 못 만나다 (会えない)

  ⇒

노래를 듣고 있어요.

歌を聞いています。

〜ています：**語幹**＋고 있어요 　現在進行

지금 뭘 하고 있어요?

한국 노래를 듣고 있어요.

今、何をしていますか。

韓国の歌を聞いています。

　動詞の語幹に「-고 있어요」をつけると、「보고 있어요 (見ています)」「먹고 있어요 (食べています)」のように動作の進行を表す「〜ています」という意味になります。また、その過去表現は「보고 있었어요 (見ていました)」「먹고 있었어요 (食べていました)」になります。

表現	活用例 「-고 있어요」
노래를 부르다 (歌を歌う)	노래를 부르고 있어요 (歌を歌っています)
피아노를 치다 (ピアノを弾く)	피아노를 치고 있어요 (ピアノを弾いています)
공부를 하다 (勉強をする)	공부를 하고 있어요 (勉強をしています)
서울에서 살다 (ソウルで暮らす)	서울에서 살고 있어요 (ソウルで暮らしています)
음악을 듣다 (音楽を聞く)	음악을 듣고 있어요 (音楽を聞いています)
지갑을 찾다 (財布をさがす)	지갑을 찾고 있어요 (財布をさがしています)
소설을 읽다 (小説を読む)	소설을 읽고 있어요 (小説を読んでいます)

練習1 **左ページの表のように「-고 있어요」に直してみましょう！**

① 전화를 하다（電話をする）➡

② 밥을 먹다（ご飯を食べる）➡

③ 메뉴를 생각하다（メニューを考える）➡

練習2 **日本語訳を見て下線のところを書き入れてみましょう！**

① 저녁 먹고 뉴스를 _____.（夕食を食べてニュースを見ています。）〈보다〉

② 노래를 _____?（歌を聞いていますか。）〈듣다〉

③ 집에서 _____.（家で掃除しています。）〈청소하다〉

練習3 **次の文を日本語に訳してみましょう！**

① 바이올린을 배우고 있어요.（바이올린：バイオリン、배우다：習う）

➡

② 식사 준비를 하고 있어요.（식사：食事、준비：準備）

➡

③ 동생은 피아노를 치고 아빠는 노래를 부르고 있어요.

➡

練習4 **下線部に注意して、韓国語に訳してみましょう！**

① 傘を探しています。（傘：우산）

➡

② 新聞記事を読んでいます。（記事：기사）

➡

③ 宿題をしていますか。（宿題：숙제）

➡

練習5 **例にならって「-고 있어요」の文を作ってみましょう！**

例 수업이 끝나다（授業が終わる）＋ 차（お茶）

➡ 수업이 끝나고 친구하고 차를 마시고 있어요.

（授業が終わって友だちとお茶を飲んでいます。）

① 헬스클럽（スポーツジム）＋ 운동하다（運動する）

➡

② 스마트폰（スマートフォン）＋ 듣다（聞く）

➡

③ 코코아（ココア）＋ 마시다（飲む）

➡

양복을 **입고 있어요.**

スーツを**着**ています。

〜ています：**語幹**＋고 있어요 〔進行・結果の持続〕

어떤 옷을 입었어요?

양복을 입고 있어요.

どんな服を
着ていますか。

スーツを
着ています。

　動詞の語幹に「-고 있어요」をつけると、「〜ています」という意味で、動作の進行を表したり、服や帽子などを身につけている状態の持続を表したりします。これはおもに「입다 (着る)」、「벗다 (脱ぐ)」、「쓰다 (被る、かける)」、「신다 (はく)」などの着脱の動詞の場合に使います。

表現	活用例 「-고 있어요」
치마를 입다 (スカートをはく)	치마를 입고 있어요 (スカートをはいています)
잠옷을 입다 (パジャマを着る)	잠옷을 입고 있어요 (パジャマを着ています)
코트를 벗다 (コートを脱ぐ)	코트를 벗고 있어요 (コートを脱いでいます)
모자를 쓰다 (帽子をかぶる)	모자를 쓰고 있어요? (帽子をかぶっていますか)
안경을 쓰다 (眼鏡をかける)	안경을 쓰고 있어요 (眼鏡をかけています)
가방을 들다 (かばんを持つ)	가방을 들고 있어요? (かばんを持っていますか)
구두를 신다 (靴をはく)	구두를 신고 있어요 (靴をはいています)

練習1 **左ページの表のように「-고 있어요(?)」に直してみましょう！**
① 마스크를 쓰다 (マスクをする) + 어있습니다 ⇒
② 목걸이를 하다 (ネックレスをする) + 어있습니다 ⇒
③ 양말을 신다 (靴下をはく) + 어있습니까 ⇒

練習2 **日本語訳を見て下線のところを書き入れてみましょう！**
① 우산을 ＿＿＿＿＿＿＿＿. (傘をさしています。)〈쓰다 (差す)〉
② 청바지를 ＿＿＿＿＿＿＿＿. (ジーンズをはいています。)〈입다〉
③ 반지를 ＿＿＿＿＿＿＿＿? (指輪をはめていますか。)〈끼다 (はめる)〉

練習3 **次の文を日本語に訳してみましょう！**
① 무슨 색 가방을 들고 있어요? (무슨 색 : 何色)
   ⇒
② 흰색 운동화를 신고 있어요. (흰색 : 白、운동화 : スニーカー)
   ⇒
③ 빨간색 고무 장갑을 끼고 있어요. (빨간색 : 赤い、고무 장갑 : ゴム手袋)
   ⇒

練習4 **下線部に注意して、韓国語に訳してみましょう！**
① 皆、マスクをしています。
   ⇒
② セーターを着ています。 (セーター : 스웨터)
   ⇒
③ 眼鏡をかけています。
   ⇒

練習5 **例にならって「-고 있어요」の文を作ってみましょう！**
   例 형 (兄) + 넥타이를 매다 (ネクタイを締める)
   ⇒ 형은 파란색 넥타이를 매고 있어요. (兄は青いネクタイをしています。)
① 예쁘다 (きれいだ) + 반지를 끼다 (指輪をはめる)
   ⇒
② 그 사람 (あの人) + 모자 (帽子)
   ⇒
③ 멋있다 + 선글라스 (サングラス)
   ⇒

꽃이 많이 **피어 있어요**.

花がたくさん**咲いています**。

～ています：動詞の語幹＋아/어 있어요 状態の持続

어떤 꽃이 많이
피어 있어요?

네, 장미꽃이 많이
피어 있어요.

どんなお花がたくさん
咲いていますか。

そうですね。
バラの花がたくさん
咲いています。

　動詞の語幹末の母音が陽母音 (「ㅏ, ㅗ, ㅑ」) のときは「-아 있어요」を、陰母音 (「ㅏ, ㅗ, ㅑ」を除いた母音) のときは「-어 있어요」をつけると、「～ています」という意味で、あることが終わった後に、その状態が持続していることを表します。この表現には「열리다 (開く)」、「닫히다 (閉まる)」、「놓이다 (置かれる)」などのような自動詞が用いられます。

母音	表現	活用例「-아/어 있어요(?)」
陽母音	여기에 오다 (ここに来る)	여기에 와 있어요 (ここに来ています)
	의자에 앉다 (椅子に座る)	의자에 앉아 있었어요 (椅子に座っていました)
	돈이 남다 (お金が余る)	돈이 남아 있어요 (お金が余っています)
陰母音	불이 꺼지다 (明かりが消える)	불이 꺼져 있어요? (明かりが消えていますか)
	자동차가 서다 (車が停まる)	자동차가 서 있어요 (車が停まっています)
	방에 눕다 ㅂ (部屋に横になる)	방에 누워 있어요 (部屋に横になっています)
	문이 닫히다 (扉が閉まる)	문이 닫혀 있었어요? (扉が閉まっていましたか)

練習1 左ページの表のように「-아/어 있어요(?)」に直してみましょう!

① 学校에 오다 (学校に来る) + ています ⇒

② 불이 켜지다 (明かりがつく) + ています ⇒

③ 자리에 앉다 (席に座る) + ていますか ⇒

練習2 日本語訳を見て下線のところを書き入れてみましょう!

① 모임에 ＿＿＿＿＿＿＿＿. (集まりに行っていました。)〈가다〉

② 밖에 ＿＿＿＿＿＿＿＿. (外に出ています。)〈나오다〉

③ 모두 ＿＿＿＿＿＿＿＿. (みんな立っていますか。)〈서다〉

練習3 次の文を日本語に訳してみましょう!

① 휴대폰이 가방에 들어 있었어요. (휴대폰：携帯電話、들다：入る)
⇒

② 창문이 닫혀 있어요. (창문：窓)
⇒

③ 교실에 몇 명이 남아 있어요? (교실：教室、몇 명：何人、남다：残る)
⇒

練習4 下線部に注意して、韓国語に訳してみましょう!

① エアコンが切れていました。 (エアコン：에어컨、切れる：꺼지다)
⇒

② ドアが開いています。 (開く：열리다)
⇒

③ 会費が少し残っていますか。 (会費：회비)
⇒

練習5 例にならって「-아/어 있어요(?)」の文を作ってみましょう!

例 누나 (姉) + 유학 가다 (留学に行く)
⇒ 누나는 한국에 유학 가 있어요. (姉は韓国に留学に行っています。)

① 학교 (学校) + 일찍 오다 (早く来る)
⇒

② 공원 (公園) + 앉다 (座る)
⇒

③ 백화점 (デパート) + 닫히다 (閉まる)
⇒

37

지갑을 **잃어버렸어요.**

財布を**なくしてしまいました。**

~（し）てしまいました：**動詞の語幹＋아/어 버렸어요** （残念な）結果

지갑이 없어요?

지갑을
잃어버렸어요.

財布がありませんか。

財布を失くして
しまいました。

　動詞の語幹末の母音が陽母音（「ㅏ, ㅗ, ㅑ」）のときは「-아 버렸어요」を、陰母音（「ㅏ, ㅗ, ㅑ」を除いた母音）のときは「-어 버렸어요」をつけると、「～てしまいました」という残念な気持ちやすっきりした気持ちを表します。「-아/어 버렸어요」のように分かち書きをしますが、「잊어버렸어요（忘れてしまいました）」「잃어버렸어요（失くしてしまいました）」だけは分かち書きをしません。

母音	表現	活用例 「-아/어 버렸어요(?)」
陽母音	자동차를 팔다 (車を売る)	자동차를 팔아 버렸어요 (車を売ってしまいました)
	비싸게 사다 (高く買う)	비싸게 사 버렸어요(高く買ってしまいました)
	다 먹다 (全部食べる)	다 먹어 버렸어요 (全部食べてしまいました)
陰母音	전화를 끊다 (電話を切る)	전화를 끊어 버렸어요 (電話を切ってしまいました)
	약속을 잊다 (約束を忘れる)	약속을 잊어버렸어요? (約束を忘れてしまいましたか)
	지갑을 잃다 (財布を失くす)	지갑을 잃어버렸어요? (財布を失くしてしまいましたか)
하다	비밀을 말하다 (秘密を話す)	비밀을 말해 버렸어요 (秘密を話してしまいました)

練習1 左ページの表のように「-아/어 있어요(?)」に直してみましょう！

① 고향을 떠나다 (故郷を去る) + 버서しまいました ⇒

② 예약을 취소하다 (予約を取り消す) + てしまいましたか ⇒

③ 그릇이 깨지다 (食器が割れる) + てしまいました ⇒

練習2 日本語訳を見て下線のところを書き入れてみましょう！

① 우산을 ＿＿＿＿＿＿＿＿. (傘をなくしてしまいました。)〈잃다〉

② 숙제를 ＿＿＿＿＿＿＿＿. (宿題を忘れてしまいましたか。)〈잊다〉

③ 이야기를 ＿＿＿＿＿＿＿＿. (話を無視してしまいました。)〈무시하다〉

練習3 次の文を日本語に訳してみましょう！

① 친구가 먼저 가 버렸어요. (먼저：先に)

   ⇒

② 콘서트가 벌써 끝나 버렸어요? (벌써：もう、끝나다：終わる)

   ⇒

③ 제가 먹던 피자를 동생이 먹어 버렸어요. (피자：ピザ)

   ⇒

練習4 下線部に注意して、韓国語に訳してみましょう！

① 宿題を全部終わらせてしまいました。(全部：다、終わらせる：끝내다)

   ⇒

② 読んでいた本をなくしてしまいました。

   ⇒

③ 私が飲んでいたジュースをお姉さんが全部飲んでしまいました。

   ⇒

練習5 例にならって「-아/어 있어요(?)」の文を作ってみましょう！

例 이야기 (話) + 끊다 (切る)

   ⇒ 도중에 이야기를 끊어 버렸어요. (途中で話を切ってしまいました。)

① 비밀 (秘密) + 말하다 (話す)

   ⇒

② 집에 오다 (家に帰る) + 자다 (寝る)

   ⇒

③ 아이들 (子供たち) + 숨다 (隠れる)

   ⇒

지금 들어가도 돼요?

今、入ってもいいですか。

〜(し)ても：**語幹**＋아도/어도 許可・譲歩

지금 들어가도 돼요?

네, 들어가세요.

今、入ってもいいですか。

はい、お入りください。

　動詞や形容詞の語幹末の母音が陽母音（「ㅏ, ㅗ, ㅑ」）のときは「-아도」を、陰母音（「ㅏ, ㅗ, ㅑ」以外の母音）のときは「-어도」をつけると、「〜ても」という意味になり、後続文の出来事が先行文とは関係なく起きることを意味します。なお、後ろには「괜찮아요/돼요/좋아요」などが用いられます。

母音	表現	活用例「-아도/어도」
陽母音	옷이 비싸다 (服が高い)	옷이 비싸도 (服が高くても)
	여기에 앉다 (ここに座る)	여기에 앉아도 (ここに座っても)
陰母音	마음에 안 들다 (気に入らない)	마음에 안 들어도 (気に入らなくても)
	뉴스를 듣다 ㄷ (ニュースを聞く)	뉴스를 들어도 (ニュースを聞いても)
	김치가 맵다 ㅂ (キムチが辛い)	김치가 매워도 (キムチが辛くても)
	많이 마시다 (たくさん飲む)	많이 마셔도 (たくさん飲んでも)
하다	크게 말하다 (大きな声で話す)	크게 말해도 (大きな声で話しても)

練習1 左ページの表のように「-아도/어도」に直してみましょう！

① 값이 싸다 (値段が安い) ➡

② 매일 운동을 하다 (毎日運動をする) ➡

③ 큰소리로 이야기하다 (大きな声で話す) ➡

練習2 日本語訳を見て下線のところを書き入れてみましょう！

① 음악을 ＿＿＿＿＿＿＿＿ 괜찮아요. (音楽を聞いても大丈夫です。) 〈듣다〉

② 커피가 ＿＿＿＿＿＿＿＿ 돼요? (コーヒーが甘くてもいいですか。) 〈달다〉

③ ＿＿＿＿＿＿＿＿ 갈 수 있어요. (寒くても行けます。) 〈춥다〉

練習3 次の文を日本語に訳してみましょう！

① 청바지를 입어도 돼요? (입다 : はく)

➡

② 천천히 와도 괜찮아요. (천천히 : ゆっくり)

➡

③ 여기에서 사진을 찍어도 돼요? (사진을 찍다 : 写真を撮る)

➡

練習4 下線部に注意して、韓国語に訳してみましょう！

① キムチは辛くても大丈夫です。

➡

② メールで送ってもいいですよ。

➡

③ ここに座ってもいいですか。

➡

練習5 例にならって「-아도/어도」の文を作ってみましょう！

例 실내 (室内) + 모자를 쓰다 (帽子を被る)

➡ 여성은 실내에서 모자를 써도 돼요. (女性は室内で帽子を被ってもいいです。)

① 지하철 (地下鉄) + 전화하다 (電話する)

② 젓가락 (お箸) + 먹다 (食べる)

➡

③ 천천히 (ゆっくり) + 걷다 (歩く)

➡

늦게 **가면 안 돼요.**

遅く行ってはいけません。

~てはいけません：語幹＋(으)면 안 돼요 [禁止・制限]

좀 늦게 가도
괜찮아요?

오늘은 늦게
가면 안 돼요.

ちょっと遅く行っても
大丈夫ですか。

今日は遅く行っては
いけません。

　動詞や形容詞の語幹に「-(으) 면 안 돼요」をつけると「～てはいけません」という意味になります。「가면 안 돼요 (行ってはいけません)」「먹으면 안 돼요 (食べてはいけません)」などのように禁止や制限の意を表します。

語幹	表現	活用例 「-(으)면 안 돼요」
母音	쓰레기를 버리다 (ゴミを捨てる)	쓰레기를 버리면 안 돼요 (ゴミを捨ててはいけません)
	감기에 걸리다 (風邪を引く)	감기에 걸리면 안 돼요 (風邪を引いてはいけません)
子音	사진을 찍다 (写真を撮る)	사진을 찍으면 안 돼요? (写真を撮ってはいけませんか)
	수업에 늦다 (授業に遅れる)	수업에 늦으면 안 돼요 (授業に遅れてはいけません)
	천천히 걷다 ㄹ (ゆっくり歩く)	천천히 걸으면 안 돼요 (ゆっくり歩いてはいけません)
	너무 많이 굽다 ㅂ (焼きすぎる)	너무 많이 구우면 안 돼요 (焼きすぎてはいけません)
하다	늦게 전화하다 (遅く電話する)	늦게 전화하면 안 돼요? (遅く電話してはいけませんか)

86

左ページの表のように「-(으)면 안 돼요」に直してみましょう！
① 길에 쓰레기를 버리다 (道にゴミを捨てる) + てはいけません ➡
② 김치가 짜다 (キムチがしょっぱい) + てはいけません ➡
③ 회사에 늦다 (会社に遅れる) + てはいけません ➡

練習2 日本語訳を見て下線のところを書き入れてみましょう！
① 여기에서 ＿＿＿＿＿＿＿＿＿＿＿？ (ここで待ってはいけませんか。) 〈기다리다〉
② 학교에 ＿＿＿＿＿＿＿＿＿＿＿. (学校に遅刻してはいけません。) 〈지각하다〉
③ 급하게 ＿＿＿＿＿＿＿＿＿＿＿. (急いで歩いてはいけません。) 〈걷다〉

練習3 次の文を日本語に訳してみましょう！
① 미술관에서 사진을 찍으면 안 돼요. (미술관 : 美術館)
➡
② 독감에 걸리면 안 돼요. (독감 : インフルエンザ)
➡
③ 지갑을 잃어버리면 안 돼요. (지갑 : 財布、잃어버리다 : なくしてしまう)
➡

練習4 下線部に注意して、韓国語に訳してみましょう！
① 宿題を忘れてはいけません。 (忘れてしまう : 잊어버리다)
➡
② 約束に遅れてはいけません。
➡
③ 地下鉄で電話してはいけません。
➡

練習5 例にならって「-(으)면 (안) 돼요」の文を作ってみましょう！
例 어떻게 (どのように) + 굽다 (焼く)
➡ 고기는 어떻게 구우면 돼요? (お肉はどのように焼けばいいですか。)
① 평소 (普段) + 공부하다 (勉強する)
➡
② 비밀 (秘密) + 묻다 (問う)
➡
③ 음식 (料理) + 만들다 (作る)
➡

40

휴대폰을 **꺼야 돼요**.

携帯を**切らなければなりません**。

〜(し) なければなりません : **語幹**＋**아야/어야 돼요** 義務・必要

여기에서는
휴대폰을
꺼야 돼요?

네, 휴대폰을
꺼야 돼요.

ここでは携帯電話を
切らなくては
なりませんか。

はい、携帯電話を
切らなければ
なりません。

　　動詞や形容詞の語幹末の母音が陽母音 (「ㅏ, ㅗ, ㅑ」) のときは「-아야 돼요」を、陰母音 (「ㅏ, ㅗ, ㅑ」を除いた母音)、存在詞、指定詞などのときは「-어야 돼요」をつけると、「〜(し) なければなりません」という意味になります。ある状況で、何かをする義務や必要があることを表し、「-아야/어야 해요」ともいいます。

母音	表現	活用例 「-아야/어야 돼요」
陽母音	마트에 가다 （スーパーに行く）	마트에 가야 돼요 （スーパーに行かなければなりません）
	맛이 좋다 (おいしい)	맛이 좋아야 돼요 (おいしくなければなりません)
	값이 싸다 (値段が安い)	값이 싸야 돼요 (値段が安くなければなりません)
陰母音	마음에 들다 (気に入る)	마음에 들어야 돼요 (気に入らなければなりません)
	뉴스를 듣다 ㄷ （ニュースを聞く）	뉴스를 들어야 돼요 （ニュースを聞かなければなりません）
	약속을 지키다 （約束を守る）	약속을 지켜야 돼요 （約束を守らなければなりません）
하다	청소하다 (掃除する)	청소해야 돼요 (掃除しなければなりません)

88

練習1 **左ページの表のように「-아야/어야 돼요」に直してみましょう！**

① 아침을 먹다 (朝ご飯を食べる) ➡

② 우유를 사다 (牛乳を買う) ➡

③ 라디오를 듣다 (ラジオを聞く) ➡

練習2 **日本語訳を見て下線のところを書き入れてみましょう！**

① 오늘도 일을 ＿＿＿＿＿＿. (今日も仕事をしなければなりません。)〈하다〉

② 아이들은 ＿＿＿＿＿＿. (子供たちは遊ばなければなりません。)〈놀다〉

③ 매일 ＿＿＿＿＿. (毎日歩かなければなりません。)〈걷다〉

練習3 **次の文を日本語に訳してみましょう！**

① 이야기를 많이 들어야 돼요.

　➡

② 물을 자주 마셔야 돼요. (자주 : よく)

　➡

③ 비밀을 지켜야 해요. (비밀 : 秘密、지키다守る)

　➡

練習4 **下線部に注意して、韓国語に訳してみましょう！**

① 書店に行かなければなりません。(書店 : 서점)

　➡

② 本を買わなければなりませんか。

　➡

③ 教材がなければなりません。(教材 : 교재)

　➡

練習5 **例にならって「-지 않아도 돼요(?)」の文を作ってみましょう！**

例 저녁 (夕ご飯) + 일찍 먹다 (早めに食べる)

　➡ 저녁을 일찍 먹어야 돼요! (夕ご飯を早めに食べなければなりません。)

① 지금 (今) + 생선을 굽다 (魚を焼く)

　➡

② 술 (お酒) + 안 마시다 (飲まない)

　➡

③ 손 (手) + 깨끗하게 씻다 (きれいに洗う)

　➡

너무 무리하지 마세요.

あまり無理しないで下さい。

〜しないでください：**語幹**＋지 마세요　禁止

어제도 밤샘했어요.

너무 무리하지 마세요.

昨日も
徹夜しました。

あまり無理しないで
ください。

　動詞の語幹に「-지 마세요」をつけると、「보지 마세요（見ないでください）」「먹지 마세요（食べないでください）」のように「〜ないでください」という意味になります。聞き手にある行動をしないように働きかけるときに使います。

表現	活用例「-지 마세요」
술을 마시다 (お酒を飲む)	술을 마시지 마세요 (お酒を飲まないでください)
너무 많이 먹다 (食べすぎる)	너무 많이 먹지 마세요 (食べすぎないでください)
복도에서 뛰다 (廊下で走る)	복도에서 뛰지 마세요 (廊下で走らないでください)
약속을 잊다 (約束を忘れる)	약속을 잊지 마세요 (約束を忘れないでください)
잔디밭에 들어가다 (芝生に入る)	잔디밭에 들어가지 마세요 (芝生に入らないでください)
음악을 듣다 (音楽を聞く)	음악을 듣지 마세요 (音楽を聞かないでください)
큰소리로 말하다 (大声で話す)	큰소리로 말하지 마세요 (大声で話さないでください)

練習1 **左ページの表のように「-지 마세요」に直してみましょう!**

① 수업 시간에 졸다 (授業の時間に居眠りする) ➡

② 여기에서 담배를 피우다 (ここでタバコを吸う) ➡

③ 큰소리로 이야기하다 (大きい声で話す) ➡

練習2 **日本語訳を見て下線のところを書き入れてみましょう!**

① 음식을 많이 _____. (食べ物をたくさん作らないでください。)〈만들다〉

② 창문을 _____. (窓を閉めないでください。)〈닫다〉

③ 지하철에서는 _____. (地下鉄では電話をしないでください。)〈전화를 하다〉

練習3 **次の文を日本語に訳してみましょう!**

① 오늘 배운 거 잊지 마세요. (배우다 : 学ぶ)
➡

② 밥을 먹고 바로 눕지 마세요. (바로 : すぐ, 눕다 : 横になる)
➡

③ 회의를 하고 있어요. 들어가지 마세요. (회의 : 会議, 들어가다 : 入る)
➡

練習4 **下線部に注意して、韓国語に訳してみましょう!**

① エアコンをつけないでください。(つける : 켜다)
➡

② 授業に遅刻しないでください。(遅刻する : 지각하다)
➡

③ 急いで食べないでください。(急いで : 급하게)
➡

練習5 **例にならって「-지 마세요」の文を作ってみましょう!**

例 성인 (成人) + 술을 마시다 (お酒を飲む)
➡ 성인이 되기 전에는 술을 마시지 마세요. (成人になるまではお酒を飲まないでください。)

① 교실 (教室) + 떠들다 (騒ぐ)
➡

② 회의 (会議) + 지각하다 (遅刻する)
➡

③ 음악 (音楽) + 듣다 (聞く)
➡

안경을 쓰지 않아도 돼요?

眼鏡をかけなくてもいいですか。

〜（し）なくてもいいです（か）：**語幹**＋지 않아도 돼요(?) 許諾・許容

안경을
쓰지 않아도
돼요?

네, 쓰지 않아도
괜찮아요.

眼鏡をかけなくても
いいですか。

はい、かけなくても
大丈夫です。

　動詞や形容詞の語幹に「-지 않아도 돼요」をつけると、「가지 않아도 돼요（行かなくてもいいです）」「먹지 않아도 돼요（食べなくてもいいです）」のように「〜（し）なくてもいいです」という意味になります。ある状態や行動を必ずしもする必要がないことを表します。

表現	活用例 「-지 않아도 돼요(?)」
이야기를 듣다 (話を聞く)	이야기를 듣지 않아도 돼요 (話を聞かなくてもいいです)
안경을 쓰다 (眼鏡をかける)	안경을 쓰지 않아도 돼요? (眼鏡をかけなくてもいいですか)
장갑을 끼다 (手袋をはめる)	장갑을 끼지 않아도 돼요 (手袋をはめなくてもいいです)
양말을 신다 (靴下をはく)	양말을 신지 않아도 돼요 (靴下をはかなくてもいいです)
키가 크다 (身長が高い)	키가 크지 않아도 돼요 (身長が高くなくてもいいです)
노트가 두껍다 (ノートが厚い)	노트가 두껍지 않아도 돼요 (ノートが厚くなくてもいいです)
예약하다 (予約する)	예약하지 않아도 돼요 (予約しなくてもいいです)

① 모자를 <u>쓰다</u> (帽子をかぶる) ➡

② 장화를 <u>신다</u> (長靴をはく) ➡

③ 표를 <u>예약하다</u>? (チケットを予約する) ➡

練習2 日本語訳を見て下線のところを書き入れてみましょう!

① 가방이 ＿＿＿＿＿＿＿＿＿＿＿＿＿. (カバンは大きくなくてもいいです。) 〈크다〉

② 커피는 ＿＿＿＿＿＿＿＿＿＿＿? (コーヒーは甘くなくてもいいですか。) 〈달다〉

③ 테이블을 ＿＿＿＿＿＿＿＿＿. (テーブルを拭かなくてもいいです。) 〈닦다〉

練習3 次の文を日本語に訳してみましょう!

① 오늘은 청소를 하지 않아도 돼요.

　➡

② 춥지 않아요. 장갑을 끼지 않아도 돼요. (춥다 : 寒い)

　➡

③ 신발을 벗지 않아도 괜찮아요? (신발 : 靴、벗다 : 脱ぐ)

　➡

練習4 下線部に注意して、韓国語に訳してみましょう!

① 全部読まなくてもいいです。

　➡

② いっしょに行かなくてもいいですか。

　➡

③ 朝ご飯は食べなくてもいいです。

　➡

練習5 例にならって「-지 않아도 돼요(?)」の文を作ってみましょう!

例 집 (家) + 안경을 쓰다 (眼鏡をかける)

　➡ 집에서는 안경을 쓰지 않아도 돼요. (家では眼鏡をかけなくてもいいです。)

① 오늘 (今日) + 가다 (行く)

　➡

② 교실 (教室) + 모자를 벗다 (帽子を取る)

　➡

③ 기다리다 (待つ) + 먼저 먹다 (先に食べる)

　➡

43

우리 동네는 **살기 좋아요**.
うちのまちは**住みやすいです**。

~（し）やすいです：**動詞の語幹+기 좋아요**　評価

이 동네는
살기 좋아요?

이 동네는
교통도 좋고
참 살기 좋아요.

この町の
住み心地は
いいですか。

この町は交通も
よくて、とても
住みやすいです。

　動詞の語幹に「-기 좋아요」をつけると、「살기 좋아요 (住みやすいです)」「먹기 좋아요 (食べやすいです)」のように「~（し）やすいです、~するのによいです」という意味になります。

　また、文脈によって「-기 편해요 (するのが楽です)」「-기 쉬워요 (するのが簡単です)」をつけたりもします。なお、反対の意味としては「-기 나빠요」「-기 불편해요」などをつけます。

表現	活用例「-기 좋아요」
택시를 잡다 (タクシーを拾う)	택시를 잡기 좋아요 (タクシーを拾いやすいです)
이 크기 (この大きさ) + 먹다 (食べる)	이 크기는 먹기 좋아요 (この大きさは食べやすいです)
춤을 추다 (踊りを踊る)	춤을 추기 좋아요 (踊りを踊りやすいです)
이 공원 (この公園) + 산책하다 (散歩する)	이 공원은 산책하기 좋아요 (この公園は散歩するのによいです)
그 노래 (あの歌) + 부르다 (歌う)	그 노래는 부르기 좋아요? (あの歌は歌いやすいですか)

94

練習1 **左ページの表のように「-기 좋아요」に直してみましょう！**

① 버스를 타다 (バスに乗る) ➡

② 이 주스 (このジュース) + 마시다 (飲む) ➡

③ 방을 청소하다 (部屋を掃除する) ➡

練習2 **日本語訳を見て下線のところを書き入れてみましょう！**

① 여기는 ＿＿＿＿＿＿＿＿＿＿. (ここは住みやすいです。)〈살다〉

② 요즘은 ＿＿＿＿＿＿＿＿＿＿. (このごろは散歩するのによいです。)〈산책하다〉

③ 이 노래는 ＿＿＿＿＿＿＿＿＿＿. (この歌は聞きやすいです。)〈듣다〉

練習3 **次の文を日本語に訳してみましょう！**

① 이 공원은 요가를 하기 좋아요. (요가 : ヨガ)

➡

② 찌개는 추운 날에 먹기 좋아요. (찌개 : チゲ)

➡

③ 이 식당에서는 한국말로 이야기하기 좋아요.

➡

練習4 **下線部に注意して、韓国語に訳してみましょう！**

① このスマートフォンは使いやすいです。(使うのが楽です。使う : 쓰다)

➡

② このごろは旅行をするのにいいです。

➡

③ 野菜ビビンバプは作りやすいです。(作るのが簡単です。)

➡

練習5 **例にならって「-기 좋아요/기 편해요/기 쉬워요」の文を作ってみましょう！**

例 의자 (椅子) + 앉다 (座る)

➡ 이 의자는 앉기 편해요. (この椅子は座り心地がいいです。)

① 김 (海苔) + 선물하다 (プレゼントする)

➡

② 조리법 (調理法) + 만들다 (作る)

➡

③ 카페 (カフェ) + 공부하다 (勉強する)

➡

44

공원을 걷고 싶어요.

公園を**歩きたい**です。

～**(し)たいです**：動詞の語幹+고 싶어요　希望

오늘은 공원을
좀 걷고 싶어요!

오후에 같이 공원에 가요.

今日はちょっと
公園を歩きたいです。

午後、いっしょに
公園に行きましょう。

　動詞の語幹に「-고 싶어요」をつけると、「가고 싶어요 (行きたいです)」「먹고 싶어요 (食べたいです)」のように「～(し) たいです」という意味で、話し手の希望を表します。なお、過去のことは「가고 싶었어요 (行きたかったです)」「먹고 싶었어요 (食べたかったです)」のように、「-고 싶었어요」をつけます。

表現	活用例 「-고 싶어요」
갈비를 먹다 (カルビを食べる)	갈비를 먹고 싶어요 (カルビを食べたいです)
선물을 주다 (プレゼントをあげる)	선물을 주고 싶어요 (プレゼントをあげたいです)
여행을 가다 (旅行に行く)	여행을 가고 싶어요? (旅行に行きたいですか)
소설을 읽다 (小説を読む)	소설을 읽고 싶어요 (小説を読みたいです)
노래를 부르다 (歌を歌う)	노래를 부르고 싶어요 (歌を歌いたいです)
음악을 듣다 (音楽を聞く)	음악을 듣고 싶어요 ? (音楽を聞きたいですか)
건강하게 살다 (元気に生きる)	건강하게 살고 싶어요 (元気に生きたいです)

　① 방에서 조용히 쉬다〈部屋で静かに休む〉➡
　② 좋은 선물을 받다〈いいプレゼントをもらう〉➡
　③ 행복하게 살다〈幸せに暮らす〉➡

練習2　日本語訳を見て下線のところを書き入れてみましょう！
　① 김밥을 ＿＿＿＿＿＿＿＿＿＿.〈キムパプを作りたいです。〉〈만들다〉
　② 공원을 ＿＿＿＿＿＿＿＿＿＿.〈散歩したいです。〉〈산책하다〉
　③ 이야기를 ＿＿＿＿＿＿＿＿＿＿.〈話を聞きたいです。〉〈듣다〉

練習3　次の文を日本語に訳してみましょう！
　① 요가를 하고 싶어요.〈요가：ヨガ〉
　　➡
　② 한정식을 먹고 싶어요.〈한정식：韓定食〉
　　➡
　③ 한국말로 이야기하고 싶었어요.〈이야기하다：話す〉
　　➡

練習4　下線部に注意して、韓国語に訳してみましょう！
　① また会いたかったです。
　　➡
　② どこへ旅行に行きたいですか。
　　➡
　③ 韓国の歌も歌いたいです。
　　➡

練習5　例にならって「-고 싶어요」の文を作ってみましょう！
　例　피곤하다〈疲れる〉＋ 앉다〈座る〉
　　➡ 피곤해요. 자리에 앉고 싶어요.〈疲れました。席に座りたいです。〉
　① 친구〈友だち〉＋ 선물을 주다〈プレゼントをあげる〉
　　➡
　② 주말〈週末〉＋ 쉬다〈休む〉
　　➡
　③ 집〈家〉＋ 읽다〈読む〉
　　➡

아이들은 **놀고 싶어 해요.**

子どもたちは**遊びたがっています。**

~（し）たがっています：**語幹**+고 싶어 해요　第三者の希望

아이들은 뭘
하고 싶어 해요?

친구들과
놀고 싶어 해요.

子どもたちは何を
したがっていますか。

友だちと
遊びたがっています。

動詞の語幹に「-고 싶어 해요」をつけ、「가고 싶어 해요 (行きたがってい ます)」「먹고 싶어 해요 (食べたがっています)」のようにすると、第三者の希 望を表します。なお、過去のことは「가고 싶어 했어요 (行きたがっていまし た)」「먹고 싶어 했어요 (食べたかったいました)」のように、「-고 싶어 했어요」 をつけます。

表現	活用例「-고 싶어 해요」
점심을 먹다 (昼ご飯を食べる)	점심을 먹고 싶어 해요 (昼ご飯を食べたがっています)
선물을 주다 (プレゼントをあげる)	선물을 주고 싶어 해요 (プレゼントをあげたがっています)
여행을 가다 (旅行に行く)	여행을 가고 싶어 해요 (旅行に行きたがっています)
소설을 읽다 (小説を読む)	소설을 읽고 싶어 해요 (小説を読みたがっています)
노래를 부르다 (歌を歌う)	노래를 부르고 싶어 해요 (歌を歌いたがっています)
음악을 듣다 (音楽を聞く)	음악을 듣고 싶어 했어요 (音楽を聞きたがっていました)

練習1 左ページの表のように「-고 싶어 해요」に直してみましょう！

① 조용히 쉬다 (静かに休む) ➡

② 좋은 선물을 받다 (いいプレゼントをもらう) ➡

③ 행복하게 살다 (幸せに暮らす) ➡

練習2 日本語訳を見て下線のところを書き入れてみましょう！

① 친구가 김밥을 ＿＿＿＿＿＿＿＿＿＿. (友だちがキムパプを作りたがっています。)〈만들다〉

② 강아지는 산책을 ＿＿＿＿＿＿＿＿＿＿. (犬は散歩をしたがっています。)〈하다〉

③ 모두 그 이야기를 ＿＿＿＿＿＿＿＿＿＿. (皆その話を聞きたがっています。)〈듣다〉

練習3 次の文を日本語に訳してみましょう！

① 아이들은 칭찬을 받고 싶어 해요. (칭찬을 받다 : ほめられる)

　➡

② 외국인들은 한정식을 먹고 싶어 해요. (외국인 : 外国人、한정식 : 韓定食)

　➡

③ 그 가수 팬들이 한국말로 이야기하고 싶어 해요. (이야기하다 : 話す)

　➡

練習4 下線部に注意して、韓国語に訳してみましょう！

① 学生たちがまた会いたがっていました。

　➡

② クラスの友だちはどこへ旅行に行きたがっていますか。 (クラス : 반)

　➡

③ 韓流ファンは韓国の歌を歌いたがっています。 (韓流ファン : 한류 팬)

　➡

練習5 例にならって「-고 싶어 해요」の文を作ってみましょう！

　例 아이 (子供) + 앉다 (座る)

　　➡ 아이가 의자에 앉고 싶어 해요. (子供が椅子に座りたがっています。)

① 딸 (娘) + 선물을 주다 (プレゼントをあげる)

　➡

② 남편 (夫) + 쉬다 (休む)

　➡

③ 어린이들 (子供たち) + 그림책을 읽다 (絵本を読む)

　➡

밥을 먹기 싫어요?

ご飯を食べたくありませんか。

〜（し）たくありません：**語幹**+기 싫어요 非願望

지금 밥을 먹기 싫어요?

네, 지금은
먹기 싫어요.

いま、ご飯を
食べたく
ありませんか。

はい、今は
食べたく
ありません。

　動詞の語幹に「-기 싫어요」をつけ、「가기 싫어요 (行きたくありません)」「먹기 싫어요 (食べたくありません)」のようにすると「〜（し）たくありません」という意味になります。なお、過去のことは「가기 싫었어요 (行きたくなかったです)」「먹기 싫었어요 (食べたくなかったです)」のように、「-기 싫었어요」をつけます。

表現	活用例「-기 싫어요」
술을 마시다 (お酒を飲む)	술을 마시기 싫어요? (お酒を飲みたくありませんか)
약을 먹다 (薬を飲む)	약을 먹기 싫어요 (薬を飲みたくありません)
도시에서 살다 (都会で暮らす)	도시에서 살기 싫어요 (都会で暮らしたくありません)
여기에서 묵다 (ここで泊まる)	여기에서 묵기 싫어요 (ここで泊まりたくありません)
이 음악을 듣다 (この音楽を聞く)	이 음악을 듣기 싫어요 (この音楽を聞きたくありません)
오래 걷다 (長く歩く)	오래 걷기 싫어요 (長く歩きたくありません)
지각하다 (遅刻する)	지각하기 싫었어요 (遅刻したくありませんでした)

練習1 左ページの表のように「-기 싫어요」に直してみましょう！

① 밤늦게까지 일하다 (夜遅くまで働く) ➡

② 아침 일찍 일어나다 (朝早く起きる) ➡

③ 학교를 결석하다 (学校を欠席する) ➡

練習2 日本語訳を見て下線のところを書き入れてみましょう！

① 문제를 _____ . (問題を作りたくないです。) 〈만들다〉

② 일요일에는 _____ . (日曜日には掃除したくないです。) 〈청소하다〉

③ 여러 번 _____ . (何度も聞きたくないです。) 〈듣다〉

練習3 次の文を日本語に訳してみましょう！

① 설거지는 하기 싫어요. (설거지 : 皿洗い)
➡

② 평일에는 늦게 자기 싫어요. (평일 : 平日、늦게 : 遅く)
➡

③ 사진 찍기 싫어요. (사진을 찍다 : 写真を撮る)
➡

練習4 下線部に注意して、韓国語に訳してみましょう！

① 年賀状を書きたくないです。 (年賀状 : 연하장)
➡

② もう薬を飲みたくないです。 (もう : 이제)
➡

③ 人々の前で歌を歌うのが嫌でした。 (歌う : 부르다)
➡

練習5 例にならって「-기 싫어요」の文を作ってみましょう！

例 무서운 영화 (怖い映画) + 보다 (見る)
➡ 무서운 영화는 돈 내고 보기 싫어요. (怖い映画はお金払ってまで見たくないです。)

① 금요일 (金曜日) + 일찍 자다 (早く寝る)
➡

② 휴일 (休日) + 일하다 (働く)
➡

③ 그 식당 (あの食堂) + 가다 (行く)
➡

사진을 좀 **찍어 주세요**!

ちょっと写真を**撮って**ください。

~(し)てください : **語幹**＋**아/어 주세요** 要請・依頼

사진을 좀 찍어 주세요!　　　　좋아요! 자, 김~치!

ちょっと写真を
撮ってください。

いいですよ！
さあ、キムチ！

　動詞の語幹末の母音が陽母音 (「ㅏ, ㅗ, ㅑ」) のときは「-아 주세요」を、陰母音 (「ㅏ, ㅗ, ㅑ」以外の母音) のときは「-어 주세요」をつけると、「〜てください」という意味になります。この表現は相手にある行動を要請するときに使います。

母音	表現	活用例 「-아/어 주세요」
陽母音	창문을 닫다 (窓を閉める)	창문을 닫아 주세요 (窓を閉めてください)
	이 일을 돕다 ㅂ (この仕事を手伝う)	이 일을 도와 주세요 (この仕事を手伝ってください)
	수트케이스를 싣다 ㄷ (スーツケースを載せる)	수트케이스를 실어 주세요 (スーツケースを載せてください)
陰母音	문을 열다 (ドアを開ける)	문을 열어 주세요 (ドアを開けてください)
	메일을 보내다 (メールを送る)	메일을 보내 주세요 (メールを送ってください)
	길을 가르치다 (道を教える)	길을 가르쳐 주세요 (道を教え送ってください)
하다	친구를 소개하다 (友達を紹介する)	친구를 소개해 주세요 (友達を紹介してください)

練習1 **左ページの表のように「-아/어 주세요」に直してみましょう！**

① 창문를 열다 (窓を開ける) ⇒

② 과일을 깎다 (果物をむく) ⇒

③ 일본어로 번역하다 (日本語に翻訳する) ⇒

練習2 **日本語訳を見て下線のところを書き入れてみましょう！**

① 김밥 _____ . (キムパプを作ってください。) 〈만들다〉

② 오후에 _____ . (午後に電話してください。) 〈전화하다〉

③ 제 이야기를 _____ . (私の話を聞いてください。) 〈듣다〉

練習3 **次の文を日本語に訳してみましょう！**

① 쓰레기를 주워 주세요. (쓰레기 : ゴミ、줍다 : 拾う)

⇒

② 사용방법을 가르쳐 주세요. (사용방법 : 使い方)

⇒

③ 예쁜 거 사 주세요. (예쁜 거 : かわいいもの、사다 : 買う)

⇒

練習4 **下線部に注意して、韓国語に訳してみましょう！**

① ここに住所を書いてください。 (住所 : 주소、書く : 쓰다 ㅡ)

⇒

② この問題をちょっと教えてください。 (問題 : 문제、教える : 가르치다)

⇒

③ あとで宿題を手伝ってください。 (あとで : 이따가)

⇒

練習5 **例にならって「-아/어 주세요」の文を作ってみましょう！**

例 좋은 책 (よい本) + 소개하다 (紹介する)

⇒ 좋은 책 좀 소개해 주세요. (ちょっとよい本を紹介してください。)

① 한국 노래 (韓国の歌) + 가르치다 (教える)

⇒

② 덥다 (暑い) + 창문을 열다 (窓を開ける)

⇒

③ 교실 문 (教室のドア) + 닫다 (閉める)

⇒

잠깐만 **기다리십시오!**

ちょっと**お待ちください**（ませ）。

~（し）てください、お~ください：語幹+(으)십시오　丁寧な依頼・勧誘

사장님 계세요?

네, 여기에서 잠깐만
기다리십시오.

社長さん、
いらっしゃいますか。

はい、ここで少々
お待ちください。

　　動詞の語幹に「-(으)십시오」をつけると「~（し）てください/お~ください」という意味になります。「기다리십시오（お待ちください）」「앉으십시오（お座りください）」などのように目上の人に丁寧に依頼したり、勧めたりするときに使います。

語幹	表現	活用例 「-(으)십시오」
母音	일찍 오다（早く来る）	일찍 오십시오（早く来てください）
	이거 주다（これをくれる）	이거 주십시오（これをください！）
子音	많이 걷다 ㄷ（たくさん歩く）	많이 걸으십시오（たくさんお歩きください）
	창문을 열다 ㄹ（窓を開ける）	창문을 여십시오（窓を開けてください）
	부모님을 돕다 ㅂ （ご両親を手伝う）	부모님을 도우십시오 （ご両親を手伝ってください）
하다	내일 전화하다 （明日、電話する）	내일 전화하십시오 （明日、お電話ください）

練習1 **左ページの表のように「-(으)십시오」に直してみましょう!**

① 모자를 벗다 (帽子を取る) + 세요 ➡

② 이 책을 읽다 (この本を読む) + 세요 ➡

③ 매일 걷다 (毎日歩く) + 세요 ➡

練習2 **日本語訳を見て下線のところを書き入れてみましょう!**

① 파일을 _____. (ファイルを作ってください。)〈만들다〉

② 잘 _____. (よくお聞きください。)〈듣다〉

③ 이렇게 _____. (このように焼いてください。)〈굽다〉

練習3 **次の文を日本語に訳してみましょう!**

① 열 시까지 오십시오.

➡

② 안쪽으로 들어가십시오. (안쪽으로 : 奥へ、들어가다 : 入る)

➡

③ 하루에 세 번 이를 닦으십시오. (하루에 : 一日に、이를 닦다 : 歯を磨く)

➡

練習4 **下線部に注意して、韓国語に訳してみましょう!**

① 教室にお入りください。

➡

② 席にお座りください。(席 : 자리)

➡

③ よくお聞きください。

➡

練習5 **例にならって「-(으)십시오」の文を作ってみましょう!**

例 정기적 (定期的) + 운동을 하다 (運動をする)

➡ 정기적으로 꾸준히 운동을 하십시오. (定期的に根気よく運動をしてください。)

① 책 (本) + 펴다 (開く)

② 큰소리 (大きい声) + 읽다 (読む)

➡

③ 여기 (ここ) + 적다 (書く)

너무 많이 **걸어서** 피곤해요.

歩きすぎたので疲れています。

~(し)て、~ので、~から：**語幹**＋아서/어서　理由、原因

피곤하세요?

어제 너무 많이 걸어서
좀 피곤해요.

疲れていますか。

昨日、歩きすぎたので
ちょっと疲れています。

　動詞や形容詞などの語幹末の母音が、陽母音（「ㅏ, ㅗ, ㅑ」）のときは「-아
서」を、陰母音（「ㅏ, ㅗ, ㅑ」を除いた母音）のときは「-어서」をつけると「~（し）
て、~ので、~から」という意味になります。なお、「아서/어서」は「(으)니까」
とは異なって、過去形に付けることができません。また、後続文には勧誘形・
命令形・禁止形を用いることも出来ません。

母音	表現	活用例「-아서/어서」
陽母音	비가 오다 (雨が降る)	비가 와서 (雨が降って)
	길이 좁다 (道が狭い)	길이 좁아서 (道が狭くて)
	일이 많다 (仕事が多い)	일이 많아서 (仕事が多くて)
陰母音	겨울은 춥다 ㅂ (冬は寒い)	겨울은 추워서 (冬は寒くて)
	돈이 없다 (お金がない)	돈이 없어서 (お金がなくて)
	회사원이다 (会社員だ)	회사원이어서 (会社員なので)
하다	취소하다 (取り消す)	취소해서 (取り消して)

練習1 **左ページの表のように「-아서/어서」に直してみましょう！**

① 점심을 먹다 (昼ご飯を食べる) ⇒

② 방이 춥다 (部屋が寒い) ⇒

③ 소문을 듣다 (噂を聞く) ⇒

練習2 **日本語訳を見て下線のところを書き入れてみましょう！**

① 책을 _____ 안 빌려도 돼요. (本を買ったので借りなくてもいいです。)〈사다〉

② _____ 건강해요. (運動をして元気です。)〈운동을 하다〉

③ 돈이 _____ 못 사요. (お金がなくて買えません。)〈없다〉

練習3 **次の文を日本語に訳してみましょう！**

① 갑자기 비가 와서 우산을 샀어요. (갑자기：急に、우산：傘)
⇒

② 더워서 에어컨을 켰어요. (에어컨：エアコン、켜다：つける)
⇒

③ 맛있어서 더 먹고 싶어요. (맛있다：おいしい、더：もっと)
⇒

練習4 **下線部に注意して、韓国語に訳してみましょう！**

① 宿題が多くて大変です。(大変だ：힘들다)
⇒

② 天気がよくないので行けません。(天気：날씨)
⇒

③ 具合が悪くて学校に行けませんでした。(具合が悪い：아프다 回)
⇒

練習5 **例にならって「-아서/어서」の文を作ってみましょう！**

例 옷이 작다 (服が小さい) + 바꾸다 (変える)
⇒ 옷이 작아서 바꾸고 싶어요. (服が小さくて変えたいです。)

① 시간이 없다 (時間がない) + 못 하다 (できない)
⇒

② 늦잠을 자다 (寝坊をする) + 지각했다 (遅刻した)
⇒

③ 휴일이다 (休日である) + 안 가다 (行かない)
⇒

50

날씨가 **좋으니까** 같이 산책해요!
天気が**よいから**いっしょに散歩しましょう。

~（する）から～、（だ）から：**語幹＋(으)니까** 〔理由・発見〕

오늘은 날씨가 좋아요!

날씨가 좋으니까
같이 산책해요!

今日は
いい天気です。

天気がよいから
いっしょに
散歩しましょう。

　動詞や形容詞などの語幹に「-(으)니까」を、名詞には「-이니까」をつけると、「가니까 (行くから)」「좋으니까 (よかったから)」「학생이니까 (学生なので)」のように理由の意を表します。過去表現は「갔으니까 (行ったから)」「좋았으니까 (よかったから)」「학생이었으니까 (学生だったので)」のように「-았으니까/었으니까」をつけます。なお、後続文に勧誘形・命令形・禁止形が用いられます。

語幹	表現	活用例 「-(으)니까」
母音	학교에 가다 (学校へ行く)	학교에 가니까 (学校へ行くから)
	늘 바쁘다 (いつも忙しい)	늘 바쁘니까 (いつも忙しいから)
	아직 학생이다 (まだ、学生だ)	아직 학생이니까 (まだ、学生なので)
子音	날씨가 좋다 (天気がよい)	날씨가 좋으니까 (天気がよいから)
	약속을 잊다 (約束を忘れる)	약속을 잊으니까 (約束を忘れるから)
	날씨가 덥다 ㅂ (天気が暑い)	날씨가 더우니까 (天気が暑いから)
	불고기가 맛있다 (プルゴギがおいしい)	불고기가 맛있으니까 (プルゴギがおいしいから)

練習1 **左ページの表のように「-(으)니까」に直してみましょう！**

① 여름은 덥다 (夏は暑い) ⇒

② 날씨가 나쁘다 (天気が悪い) ⇒

③ 이야기가 재미있다 (話が面白い) ⇒

練習2 **日本語訳を見て下線のところを書き入れてみましょう！**

① 책을 ＿＿＿＿＿＿ 사지 마세요. (本を借りたので買わないでください。)〈빌리다〉

② ＿＿＿＿＿＿ 기분이 좋아요. (運動をするから気分がいいです。)〈운동을 하다〉

③ 돈이 ＿＿＿＿＿＿ 여행 가지 맙시다. (お金がないから旅行に行くのはやめましょう。)〈없다〉

練習3 **次の文を日本語に訳してみましょう！**

① 비가 오니까 우산을 가지고 가세요. (가지다 : 持つ)

⇒

② 더우니까 에어컨을 켜요!

⇒

③ 맛있으니까 더 주문해요! (주문하다 : 注文する)

⇒

練習4 **下線部に注意して、韓国語に訳してみましょう！**

① 宿題が多いので早く始めてください。 (早く : 일찍、始める : 시작하다)

⇒

② 天気が悪いので出ないでください。 (出る : 나가다)

⇒

③ 疲れているからゆっくり休んでください。 (疲れている : 피곤하다、ゆっくり : 푹)

⇒

練習5 **例にならって「-(으)니까/이니까」の文を作ってみましょう！**

例 날씨가 좋다 (天気がよい) + 기분 (気持ち)

⇒ 날씨가 좋으니까 기분도 좋네요. (天気がよいので気持ちもいいですね。)

① 시간이 없다 (時間がない) + 서두르다 (急ぐ)

⇒

② 금방 잊다 (すぐ忘れる) + 메모하다 (メモする)

⇒

③ 휴일이다 (休日だ) + 쉬다 (休む)

⇒

바쁘기 때문에 못 만나요.

忙しいので会えません。

～(する)ために、～(な)ので・～から：**語幹**＋기 때문에　理由・原因

요즘도 서준 씨를
자주 만나요?

요즘 서준 씨가 바쁘기
때문에 잘 못 만나요.

最近もソジュンさんに
よく会いますか。

最近、
ソジュンさんが
忙しいため、
あまり会えません。

　動詞や形容詞などの語幹に「-기 때문에」をつけると、「가기 때문에 (行く
ために)」「좋기 때문에 (よいため)」のように「～(する)ために・～から」とい
う意味になります。後続文に命令や勧誘の表現は用いられません。

表現	活用例 「-기 때문에」
눈이 오다 (雪が降る)	눈이 오기 때문에 (雪が降るために)
집을 짓다 (家を建てる)	집을 짓기 때문에 (家を建てるために)
일이 힘들다 (仕事が大変だ)	일이 힘들기 때문에 (仕事が大変なので)
배가 고프다 (お腹がすく)	배가 고프기 때문에 (お腹がすいているから)
키가 작다 (身長が低い)	키가 작기 때문에 (身長が低いために)
책이 재미있다 (本が面白い)	책이 재미있기 때문에 (本が面白いので)
외국인이다 (外国人である)	외국인이기 때문에 (外国人であるために)

練習1 **左ページの表のように「-기 때문에」に直してみましょう!**

① 모자를 쓰다 (帽子をかぶる) ➡

② 비빔밥이 맛있다 (ビビンパプがおいしい) ➡

③ 공부를 열심히 안 하다 (勉強を一生懸命勉強しない) ➡

練習2 **日本語訳を見て下線のところを書き入れてみましょう!**

① ＿＿＿＿＿＿＿ 술은 안 돼요. (学生なのでお酒はだめです。)〈학생이다〉

② 이 빵은 ＿＿＿＿＿＿＿ 조금만 먹어요. (このパンは甘いので少しだけ食べます。)〈달다〉

③ ＿＿＿＿＿＿＿ 방이 깨끗해요. (掃除をしたので、部屋がきれいです。)〈청소를 하다〉

練習3 **次の文を日本語に訳してみましょう!**

① 떡볶이는 맵지만 달기 때문에 좋아해요.
➡

② 이를 잘 닦기 때문에 충치가 없어요. (충치 : 虫歯)
➡

③ 한국 드라마를 많이 보기 때문에 알아요.
➡

練習4 **下線部に注意して、韓国語に訳してみましょう!**

① 明日は試験があるので今日はだめです。(試験 : 시험、だめだ : 안 되다)
➡

② 物価が高いのでたくさん買えないです。(物価 : 물가)
➡

③ K-popが好きなので韓国語を学びます。
➡

練習5 **例にならって「-기 때문에」の文を作ってみましょう!**

例 안 먹었다 (食べなかった) + 배가 고프다 (お腹がすく)
➡ 아침을 안 먹었기 때문에 배가 고파요. (朝ご飯を食べなかったのでお腹がすきました。)

① 숙제 (宿題) + 많다 (多い)
➡

② 잠을 못 잤다 (寝れなかった) + 졸리다 (眠たい)
➡

③ 먹다 (食べる) + 운동을 하다 (運動する)
➡

내일 만나기로 해요!

明日会うことにしましょう。

~（する）ことにしましょう／（し）ました：語幹＋기로 해요／했어요

勧誘・約束・決定

내일 만나기로 해요!

좋아요. 내일 만나요!

明日、会うことに
しましょう！

いいですよ。
明日会いましょう！

　動詞の語幹末のパッチムの有無に関係なく語幹に「-기로 해요」をつけると、「〜することにしましょう」という勧誘の意味を表し、「-기로 했어요」になると、「〜することにしました」という具合に約束や決定、決心の意味になります。

表現	活用例「-기로 해요/했어요」
내일 만나다 (明日、会う)	내일 만나기로 해요 (明日、会うことにしましょう)
잠시 기다리다 (しばらく待つ)	잠시 기다리기로 해요 (しばらく待つことにしましょう)
점심을 먹다 (昼ご飯を食べる)	점심을 먹기로 해요 (昼ご飯を食べることにしましょう)
지금 청소하다 (今、掃除する)	지금 청소하기로 해요 (今、掃除することにしましょう)
오늘 가다 (今日、行く)	오늘 가기로 했어요 (今日、行くことにしました)
일기를 쓰다 (日記をつける)	일기를 쓰기로 했어요 (日記をつけることにしました)
자주 연락하다 (度々連絡する)	자주 연락하기로 해요 (度々連絡することにしましょう)

練習1 左ページの表のように「-기로 해요/했어요」に直してみましょう！

① 주말에 만나다 (週末に会う) + 것으로 시합시다 →

② 한국에 여행을 가다 (韓国に旅行に行く) + 것으로 시합시다 →

③ 커피를 마시다 (コーヒーを飲む) + 것으로 시합니다 →

練習2 日本語訳を見て下線のところを書き入れてみましょう！

① 역에서 ＿＿＿＿＿＿＿＿＿＿. (駅で会うことにしましょう。)〈만나다〉

② 떡볶이를 ＿＿＿＿＿＿＿＿＿. (トッポッキを作ることにしましょう。)〈만들다〉

③ 서로 ＿＿＿＿＿＿＿＿＿. (お互いに連絡することにしました。)〈연락하다〉

練習3 次の文を日本語に訳してみましょう！

① 삼계탕을 먹기로 해요! (삼계탕 : サムゲタン)
→

② 아침에 일찍 일어나기로 했어요. (일찍 : 早く、일어나다 : 起きる)
→

③ 수업 후에 영화를 보기로 해요! (후에 : 後に)
→

練習4 下線部に注意して、韓国語に訳してみましょう！

① いっしょにご飯を食べることにしましょう。
→

② 本屋に行くことにしました。(本屋 : 서점)
→

③ 図書館で宿題することにしましょう。
→

練習5 例にならって「-기로 해요/했어요」の文を作ってみましょう！

例 주말 (週末) + 생일 파티를 하다 (誕生日パーティーをする)
→ 주말에 친구 생일 파티를 하기로 했어요.
(週末に友だちの誕生日パーティーをすることにしましょう。)

① 매일 (毎日) + 산책하다 (散歩する)
→

② 친구 (友だち) + 요리를 배우다 (料理を学ぶ)
→

③ 학교 (学校) + 일찍 가다 (早めに行く)
→

시월 말부터 **추워져요**.

10月末から**寒くなります**。

~くなります・になります：**語幹**＋**아/어져요** 状態の変化

> 서울은 언제부터
> 추워져요?

> 보통 시월 말부터
> 추워져요.

ソウルはいつから
寒くなりますか。

ふつう、10月から
寒くなります。

　形容詞の語幹に「-아/어져요」をつけると、「추워져요（寒くなります）、조용해져요（静かになります）」のように、「〜くなります、〜になります」というある状況の変化を表します。陽母音語幹には「-아져요」、陰母音語幹は「-어져요」をつけます。

母音	表現	活用例「-아/어져요」
陽母音	고민이 많다 (悩みが多い)	고민이 많아져요 (悩みが多くなります)
	기분이 좋다 (気分がいい)	기분이 좋아져요 (気分がよくなります)
	날이 밝다 (日が明るい)	날이 밝아져요 (日が明るくなります)
陰母音	날씨가 덥다 ㅂ (天気が暑い)	날씨가 더워져요 (天気が暑くなります)
	양이 적다 (量が少ない)	양이 적어져요 (量が少なくなります)
	줄이 길다 (列が長い)	줄이 길어져요 (列が長くなります)
하다	거리가 조용하다 (街が静かだ)	거리가 조용해져요 (街が静かになります)

① 교실이 밝다 (教室が明るい) ⇒

② 날씨가 춥다 (天気が寒い) ⇒

③ 방이 깨끗하다 (部屋がきれいだ) ⇒

練習2 日本語訳を見て下線のところを書き入れてみましょう！

① 방이 _____. (部屋が暖かくなります。)〈따뜻하다〉

② 해가 _____. (日が長くなりました。)〈길다〉

③ 날씨가 _____? (天気が寒くなりましたか。)〈춥다〉

練習3 次の文を日本語に訳してみましょう！

① 운동을 해서 기분이 좋아졌어요.

　⇒

② 공항이 한산해졌어요. (공항：空港、한산하다：閑散だ)

　⇒

③ 여행객이 많아졌어요? (여행객：旅行客)

　⇒

練習4 下線部に注意して、韓国語に訳してみましょう！

① 韓国語の本が多くなりました。

　⇒

② 健康がよくなりましたか。(健康：건강)

　⇒

③ 徐々に日が短くなります。(徐々に：서서히、短い：짧다)

　⇒

練習5 例にならって「-아/어지다」の文を作ってみましょう！

例 기회 (機会) + 적다 (少ない)

　⇒ 영화를 볼 기회가 적어졌어요. (映画を見る機会が少なくなりました。)

① 밖 (外) + 시끄럽다 (うるさい)

　⇒

② 운동하다 (運動する) + 건강이 좋다 (健康がよい)

　⇒

③ 청소하다 (掃除する) + 깨끗하다 (きれいだ)

　⇒

한국 요리도 배워 보세요.

韓国料理も**学んでみてください。**

~（し）てみてください：**動詞の語幹**＋아/어 보세요　試み・提案

> 한국 요리도
> 배우고 싶어요.

韓国料理も
習いたいです。

> 정말 배워 보세요.
> 재미있어요.

ほんとうに
習ってみてください。
面白いです。

　動詞の語幹に「-아/어 보세요」をつけると、「가 보세요 (行ってみてください)」「먹어 보세요 (食べてみてください)」のように「～（し）てみてください」という意味になります。陽母音語幹は「-아 보세요」、陰母音語幹は「-어 보세요」、また、「하다動詞」は「해 보세요」をつけます。

母音	表現	活用例「-아/어 보세요」
陽母音	친구를 만나다 (友だちに会う)	친구를 만나 보세요 (友だちに会ってみてください)
	풀을 뽑다 (草を取る)	풀을 뽑아 보세요 (草を取ってみてください)
	춤을 배우다 (踊りを習う)	춤을 배워 보세요 (踊りを習ってみてください)
陰母音	쿠키를 굽다 ㅂ (クッキーを焼く)	쿠키를 구워 보세요 (クッキーを焼いてみてください)
	창문을 열다 (窓を開ける)	창문을 열어 보세요 (窓を開けてみてください)
	설명을 듣다 ㄹ (説明を聞く)	설명을 들어 보세요 (説明を聞いてみてください)
하다	전화를 하다 (電話をする)	전화를 해 보세요 (電話をしてみてください)

練習1 **左ページの表のように「-아/어 보세요」に直してみましょう!**

① 창문을 닫다 (窓を閉める) ⇒

② 닭갈비를 만들다 (タッカルビを作る) ⇒

③ 신청하다 (申請する) ⇒

練習2 **日本語訳を見て下線のところを書き入れてみましょう!**

① 모임에 ＿＿＿＿＿＿＿＿＿＿. (集まりに行ってみてください。)〈가다〉

② 많이 ＿＿＿＿＿＿＿＿＿＿. (たくさん歩いてみてください。)〈걷다〉

③ 집안일을 ＿＿＿＿＿＿＿＿＿. (家事を手伝ってみてください。)〈돕다〉

練習3 **次の文を日本語に訳してみましょう!**

① 아침에 운동을 해 보세요.

⇒

② 한국 소설도 읽어 보세요. (소설：小説)

⇒

③ 라디오를 들어 보세요. (라디오：ラジオ)

⇒

練習4 **下線部に注意して、韓国語に訳してみましょう!**

① しばらく待ってみてください。(しばらく：잠시)

⇒

② 本人に任せてみてください。(本人：본인、任せる：맡기다)

⇒

③ 直接会ってみてください。(直接：직접)

⇒

練習5 **例にならって「-아/어 보세요」の文を作ってみましょう!**

例 영화 (映画) + 줄거리를 이야기하다 (あらすじを話す)

⇒ 어제 본 영화 줄거리를 이야기해 보세요.
　(昨日見た映画のあらすじを話してみてください。)

① 한복 (韓服) + 입다 (着る)

⇒

② 전통차 (伝統茶) + 마시다 (飲む)

⇒

③ 노래 (歌) + 배우다 (習う)

⇒

한국에서 같이 버스를 **타 봐요!**

韓国でいっしょにバスに**乗ってみましょう。**

～(し)てみましょう、(し)てみてください：**動詞の語幹**＋아/어 봐요

試み・提案

서울에서 버스를
타 보고 싶어요!

그래요.
같이 타 봐요!

ソウルでバスに
乗ってみたいです。

そうですね。
いっしょに
乗ってみましょう。

　動詞の語幹に「-아/어 봐요」をつけると、「가 봐요 (行ってみましょう、行ってみてください)」、「먹어 봐요 (食べてみましょう、食べてみてください)」のように試みや提案の意を表します。陽母音語幹には「-아 봐요」、陰母音語幹には「-어 봐요」を「하다動詞」には「해 봐요」をつけます。

母音	表現	活用例 「-아/어 봐요」
陽母音	여행을 가다 (旅行に行く)	여행을 가 봐요 (旅行に行ってみましょう)
	즐겁게 놀다 (楽しく遊ぶ)	즐겁게 놀아 봐요 (楽しく遊んでみましょう)
	일찍 일어나다 (早く起きる)	일찍 일어나 봐요 (早く起きてみましょう)
陰母音	음악을 듣다 ㄷ (音楽を聞く)	음악을 들어 봐요 (音楽を聞いてみましょう)
	소설을 읽다 (小説を読む)	소설을 읽어 봐요 (小説を読んでみましょう)
	빵을 굽다 ㅂ (パンを焼く)	빵을 구워 봐요 (パンを焼いてみましょう)
하다	천천히 생각하다 (ゆっくり考える)	천천히 생각해 봐요 (ゆっくり考えてみましょう)

練習1 **左ページの表のように「-아/어 봐요」に直してみましょう！**

① 노래를 듣다 (歌を聞く) ⇒

② 즐겁게 공부하다 (楽しく勉強する) ⇒

③ 천천히 가다 (ゆっくり行く) ⇒

練習2 **日本語訳を見て下線のところを書き入れてみましょう！**

① 같이 김밥을 _____. (いっしょにキムパプを作ってみましょう。) 〈만들다〉

② 빨리 _____. (速く連絡してみてください。) 〈연락하다〉

③ 이야기를 _____. (話を聞いてみましょう。) 〈듣다〉

練習3 **次の文を日本語に訳してみましょう！**

① 다음에 김치도 만들어 봐요! (다음에 : 今度)

⇒

② 같이 교과서를 읽어 봐요! (교과서 : 教科書)

⇒

③ CD를 여러 번 들어 봐요. (여러 번 : 何度も)

⇒

練習4 **下線部に注意して、韓国語に訳してみましょう！**

① 今度、その友だちに会ってみましょう。

⇒

② いっしょに韓国語で話をしてみましょう。

⇒

③ 毎日、運動をしてみてください。

⇒

練習5 **例にならって「-아/어 봐요」の文を作ってみましょう！**

例 문화 (文化) + 배우다 (学ぶ)

⇒ 한국 문화도 같이 배워 봐요! (韓国の文化もいっしょに学んでみましょう。)

① 부침개 (チヂミ) + 만들다 (作る)

⇒

② 산길 (山道) + 걷다 (歩く)

⇒

③ 낙엽 (落ち葉) + 줍다 (拾う)

⇒

56

점심 먹으러 **가죠!**

お昼ご飯を食べに**行きましょう。**

~（し）ましょう！：語幹＋죠！ 提案・依頼

> 점심을 먹으러 가죠!*

> 네, 배가 좀 고픕니다!

> お昼ご飯を食べに
> 行きましょう。

> はい、ちょっと
> お腹が空きました。

「가죠 (行きましょう)」「먹죠 (食べましょう)」などのように動詞の語幹に「-죠」をつけると、「～（し）ましょう」という意味で、聞き手に提案したり、要請したりすることを表します。*同意や確認の意味の「-죠」は 69 参照

表現	活用例 「-죠」
같이 가다 (いっしょに行く)	같이 가죠! (いっしょに行きましょう!)
영화를 보다 (映画を見る)	영화를 보죠! (映画を見ましょう!)
빨리 걷다 (速く歩く)	빨리 걷죠! (速く歩きましょう!)
슬슬 마치다 (そろそろ終わる)	슬슬 마치죠! (そろそろ終わりましょう!)
잡채를 만들다 (チャプチェを作る)	잡채를 만들죠! (チャプチェを作りましょう!)
고기도 굽다 (肉も焼く)	고기도 굽죠! (肉も焼きましょう!)
운동하다 (運動する)	운동하죠! (運動しましょう!)

左ページの表のように「-죠!」に直してみましょう！

① 천천히 걷다 (ゆっくり歩く) ⇒

② 닭갈비를 만들다 (タッカルビを作る) ⇒

③ 숙제를 같이 하다 (宿題をいっしょに宿題をする) ⇒

練習2 **日本語訳を見て下線のところを書き入れてみましょう！**

① 오늘은 김밥을 ＿＿＿＿＿＿＿！ (今日はキムパッを作りましょう。)〈만들다〉

② 밥 먹고 ＿＿＿＿＿＿＿！ (ご飯食べて仕事しましょう。)〈일하다〉

③ 이야기를 ＿＿＿＿＿＿＿！ (話を聞いてみましょう。)〈들어 보다〉

練習3 **次の文を日本語に訳してみましょう！**

① 이제 김치도 만들어 보죠! (이제：これから)

　⇒

② 토요일에 같이 뮤지컬을 보죠! (뮤지컬：ミュージカル)

　⇒

③ 이번에는 그 식당으로 예약하죠! (예약하다：予約する)

　⇒

練習4 **下線部に注意して、韓国語に訳してみましょう！**

① 疲れたのでタクシーに乗りましょう。(疲れる：피곤하다)

② 教室では韓国語で話しましょう。

　⇒

③ 遅れたので少し速く歩きましょう。(遅れる：늦다)

　⇒

練習5 **例にならって「-죠!」の文を作ってみましょう！**

例 바쁘다 (忙しい) ＋ 내일 만나다 (明日会う)

　⇒ 오늘은 바쁘니까 내일 만나죠. (今日は忙しいので明日会いましょう。)

① 맛있다 (おいしい) ＋ 먹다 (食べる)

　⇒

② 자세하다 (詳しい) ＋ 다음에 듣다 (次に聞く)

　⇒

③ 마치다 (終える) ＋ 식사하다 (食事する)

　⇒

10분만 더 **기다립시다!**

あと10分だけ**待ちましょう。**

〜（し）ましょう：**語幹+(으)ㅂ시다** 提案・依頼

이제 갑시다!　　　　　　　10분만 더 기다립시다!

もう行きましょう。

あと10分だけ
待ちましょう。

　　動詞の語幹に「-(으)ㅂ시다」をつけると、「갑시다 (行きましょう)」「먹읍
시다 (食べましょう)」のように「〜(し) ましょう」という意味になり、目下や
対等の関係の相手に何かを提案するときに使います。禁止の場合は「가지 맙
시다 (行かないようにしましょう)」「먹지 맙시다 (食べないようにしま しょう)」
と言います。

語幹	表現	活用例「-(으)ㅂ시다」
母音	노래를 부르다 (歌を歌う)	노래를 부릅시다 (歌を歌いましょう)
	친구를 만나다 (友だちに会う)	친구를 만납시다 (友だちに会いましょう)
子音	여기에 앉다 (ここに座る)	여기에 앉읍시다 (ここに座りましょう)
	천천히 걷다 ㄷ (ゆっくり歩く)	천천히 걸읍시다 (ゆっくり歩きましょう)
	마당을 쓸다 ㄹ (庭を掃く)	마당을 씁시다 (庭を掃きましょう)
	쓰레기를 줍다 ㅂ (ゴミを拾う)	쓰레기를 주웁시다 (ゴミを拾いましょう)
하다	좀 더 생각하다 (もう少し考える)	좀 더 생각합시다 (もう少し考えましょう)

練習1 左ページの表のように「-(으)ㅂ시다」に直してみましょう！

① 택시를 타다 (タクシーに乗る) ➡

② 벤치에 앉다 (ベンチに座る) ➡

③ 같이 노래를 부르다 (いっしょに歌を歌う) ➡

練習2 日本語訳を見て下線のところを書き入れてみましょう！

① 같이 김밥을 ＿＿＿＿＿＿＿＿. (いっしょにキムパッを作りましょう。)〈만들다〉

② 자주 ＿＿＿＿＿＿＿＿. (度々連絡しましょう。)〈연락하다〉

③ 이야기를 ＿＿＿＿＿＿＿＿. (話を聞いてみましょう。)〈들어 보다〉

練習3 次の文を日本語に訳してみましょう！

① 맛있는 김치도 만듭시다. (맛있다：おいしい)

　➡

② 큰 소리로 읽어 봅시다. (크다：大きい、소리：声)

　➡

③ 요즘은 바쁘니까 다음에 만납시다. (다음：今度)

　➡

練習4 下線部に注意して、韓国語に訳してみましょう！

① 雨が降るのでタクシーに乗りましょう。

　➡

② 韓国語で話してみましょう。

　➡

③ CDをたくさん聞きましょう。

　➡

練習5 例にならって「-(으)ㅂ시다」の文を作ってみましょう！

例 늦었다 (遅れた) + 서두르다 (急ぐ)

　➡ 늦었으니까 서두릅시다. (遅れているから急ぎましょう。)

① 춥다 (寒い) + 들어가다 (入る)

　➡

② 피곤하다 (疲れている) + 앉다 (座る)

　➡

③ 날씨가 좋다 (天気がいい) + 걷다 (歩く)

　➡

여기에서 좀 **쉴까요?**
ここでちょっと**休みましょうか。**

~（し）ましょうか、～でしょうか：**語幹＋(으)ㄹ까요?** 提案・意向・推量

여기에서
좀 쉴까요?

카페

네, 좋아요.
여기에서 좀 쉽시다!

ここでちょっと
休みましょうか。

はい、いいですね。
ここでちょっと休みましょう！

　動詞や形容詞などの母音語幹には「-ㄹ까요?」、子音語幹には「-을까요?」をつけると、「～（し）ましょうか・～でしょうか」という意味になり、相手に提案したり、意向を尋ねたりするとき使います。また、三人称やある事実について述べるときは推量の意を表します。

語幹	表現	活用例 「-(으)ㄹ까요?」
母音	친구를 만나다 （友だちに会う）	친구를 만날까요? （友だちに会いましょうか）
	공무원이다 （公務員だ）	공무원일까요? （公務員でしょうか）
	에어컨을 켜다 （エアコンをつける）	에어컨을 켤까요? （エアコンをつけましょうか）
子音	집이 넓다 （家が広い）	집이 넓을까요? （家が広いでしょうか）
	날씨가 춥다 ㅂ （天気が寒い）	날씨가 추울까요? （天気が寒いでしょうか）
	이야기를 듣다 ㄷ （話を聞く）	이야기를 들을까요? （話を聞きましょうか）
	시간이 있다 （時間がある）	시간이 있을까요? （時間があるでしょうか）

練習1　左ページの表のように「-(으)ㄹ까요?」に直してみましょう！

① 점심을 먹다 (昼ご飯を食べる) ⇒

② 여행을 가다 (旅行に行く) ⇒

③ 노래를 듣다 (歌を聞く) ⇒

練習2　日本語訳を見て下線のところを書き入れてみましょう！

① 김밥을 ＿＿＿＿＿＿＿＿＿＿＿? (キムパプを作りましょうか。)〈만들다〉

② 같이 ＿＿＿＿＿＿＿＿＿＿＿? (いっしょに散歩しましょうか。)〈산책하다〉

③ 좀 빨리 ＿＿＿＿＿＿＿＿＿＿＿? (ちょっと速く歩きましょうか。)〈걷다〉

練習3　次の文を日本語に訳してみましょう！

① 주말에 같이 요가를 할까요? (요가 : ヨガ)

　⇒

② 오늘은 뭐 먹을까요? (뭐 : 何を)

　⇒

③ 서울은 지금 추울까요?

　⇒

練習4　下線部に注意して、韓国語に訳してみましょう！

① あの二人はまた会うでしょうか。

　⇒

② どこへ旅行に行きましょうか。

　⇒

③ 韓国語で話しましょうか。

　⇒

練習5　例にならって「-(으)ㄹ까요?」の文を作ってみましょう！

例 내일 (明日) + 날씨가 좋다 (天気がいい)

　⇒ 내일은 날씨가 좋을까요? (明日は 天気が いいでしょうか。)

① 내년 (来年) + 덥다 (暑い)

　⇒

② 아프다 (痛い) + 걷다 (歩く)

　⇒

③ 저녁 (夕ご飯) + 만들다 (作る)

　⇒

125

59

내일 **공부할** 내용이에요.

明日、**勉強する**内容です。

（これから）〜（する）…、〜（な）…：語幹＋**(으)ㄹ**　未来連体形

좀 어려울 것 같아요!

내일 공부할 내용이에요.

ちょっと難しそうです。

明日、勉強する内容です。

　「갈 (行く…)」「좋을 (よい)…」などのように動詞や形容詞などの語幹に「-(으)ㄹ」をつけると、未来のことや予定、意志、または一般的な事柄などを表すとき使います。また、「비가 올 것 같아요. (雨が降りそうです。)」のように推量の意を表すときも使います。

語幹	表現	活用例「-(으)ㄹ…」
母音	오늘 만나다 (今日会う) + 친구 (友だち)	오늘 만날 친구 (今日会う友だち)
	내일 가다 (明日行く) + 곳 (ところ)	내일 갈 곳 (明日行くところ)
	동생한테 보내다 (弟に送る) + 선물 (プレゼント)	동생한테 보낼 선물 (弟に送るプレゼント)
	머리가 아프다 (頭が痛い) + 때 (とき)	머리가 아플 때 (頭が痛いとき)
子音	듣다 ㄷ (聞く) + 노래 (歌)	들을 노래 (聞く歌)
	앞으로 살다 ㄹ (これから住む) + 집 (家)	앞으로 살 집 (これから住む家)
하다	심심하다 (つまらない) + 때 (とき)	심심할 때 (つまらないとき)

練習1 **左ページの表のように「-(으)ㄹ…」に直してみましょう!**
① 내일 아침에 먹다 (朝、食べる) + 빵 (パン) ➡
② 밤에 자다 (夜、寝る) + 때 (とき) ➡
③ 다음에 만들다 (次に作る) + 음식 (食べ物) ➡

練習2 **日本語訳を見て下線のところを書き入れてみましょう!**
① 도서관에서 ＿＿＿＿＿＿＿ 책이에요. (図書館で借りる本です。)〈빌리다〉
② 오늘 ＿＿＿＿＿＿＿ 부분이에요. (今日勉強する部分です。)〈공부하다〉
③ 지금부터 ＿＿＿＿＿＿＿ 노래 CD예요. (今から聞く歌のCDです。)〈듣다〉

練習3 **次の文を日本語に訳してみましょう!**
① 도서관에 갈 때 같이 가요!
➡
② 오늘 배울 노래 악보예요. (악보：楽譜)
➡
③ 도시락을 만들 때 필요한 재료예요. (필요하다：必要だ、재료：材料)
➡

練習4 **下線部に注意して、韓国語に訳してみましょう!**
① 名前を書くときは黒で書いてください。(黒：검정색)
➡
② 写真を撮る場所としてどこがいいですか。(場所：장소、として：로)
➡
③ お腹が痛いとき飲む薬はありますか。(お腹：배)
➡

練習5 **例にならって「-(으)ㄹ…」の文を作ってみましょう!**
例 감기에 걸렸다 (風邪をひいた) + 마시다 (飲む)
➡ 감기에 걸렸을 때 따뜻한 차를 마시면 좋아요.
(風邪を引いた時、暖かいお茶を飲むとよいです。)
① 산길을 걷다 (山道を歩く) + 필요하다 (必要だ)
➡
② 라면을 끓이다 (ラーメンを作る) + 넣다 (入れる)
➡
③ 서울에 가다 (ソウルに行く) + 같이 (いっしょに)
➡

60

다음 주에 서울에 **갈 거예요**.

来週、ソウルに**行くつもりです**。

～(する)つもりです、～(する)でしょう：**語幹＋(으)ㄹ거예요**

計画・意志・推量

언제 서울에 가세요?

다음 주에 갈 거예요.

いつソウルへ
行きますか。

来週、行くつもりです。

　動詞の語幹に「-(으)ㄹ 거예요(?)」をつけると予定や計画、意志などを表します。また、文の主語が2・3人称の場合やある事実に対して述べるときは「～でしょう」という推量の意味になります。母音語幹には「-ㄹ 거예요(?)」、子音語幹には「-을 거예요(?)」をつけます。

語幹	表現	活用例 「-(으)ㄹ 거예요」
母音	오늘 오다 (今日、来る)	오늘 올 거예요 (今日、来るでしょう)
	아직 학생이다 (まだ、学生だ)	아직 학생일 거예요 (まだ、学生だと思います)
	꽃이 예쁘다 (花がきれいだ)	꽃이 예쁠 거예요 (花がきれいでしょう)
子音	노래를 듣다 ㄷ (歌を聞く)	노래를 들을 거예요 (歌を聞くつもりです)
	실력이 늘다 ㄹ (実力が伸びる)	실력이 늘 거예요 (実力が伸びるでしょう)
	내일은 춥다 ㅂ (明日は寒い)	내일은 추울 거예요 (明日は寒いでしょう)
	불고기가 맛있다 (プルゴギがおいしい)	불고기가 맛있을 거예요 (プルゴギがおいしいと思います)

128

練習1 **左ページの表のように「-(으)ㄹ 거예요」に直してみましょう!**

① 친구를 만나다 (友だちに会う) ➡

② 날씨가 좋다 (天気がよい) ➡

③ 영화가 재미있다 (映画が面白い) ➡

練習2 **日本語訳を見て下線のところを書き入れてみましょう!**

① 밖은 ＿＿＿＿＿＿＿＿＿＿. (外は暑いでしょう。) 〈덥다〉

② 숙제를 하고 ＿＿＿＿＿＿＿＿＿＿. (宿題をして遊ぶつもりです。) 〈놀다〉

③ 가능하면 ＿＿＿＿＿＿＿＿＿. (できるなら歩くつもりです。) 〈걷다〉

練習3 **次の文を日本語に訳してみましょう!**

① 그 친구는 아마 안 올 거예요. (아마：多分)

　➡

② 스마트폰 때문에 눈이 나빠질 거예요.

　➡

③ 저는 앞으로 운동을 자주 할 거예요. (앞으로：これから、자주：よく)

　➡

練習4 **下線部に注意して、韓国語に訳してみましょう!**

① あの人は多分コーヒーを飲まないでしょう。

　➡

② あの食堂は静かでしょう。(静かだ：조용하다)

　➡

③ これからキムチをよく食べるつもりです。

　➡

練習5 **例にならって「-(으)ㄹ 거예요」の文を作ってみましょう!**

例 서울 (ソウル) + 춥다 (寒い)

　➡ 지금쯤 서울은 추울 거예요. (今頃、ソウルは寒いでしょう。)

① 그 친구 (あの友だち) + 치마를 입다 (スカートをはく)

　➡

② 앞으로 (これから) + 술을 안 마시다 (お酒を飲まない)

　➡

③ 그 식당 (あの食堂) + 맛있다 (おいしい)

　➡

또 연락하겠습니다.

また、ご連絡します。

---

① ～(し)ます ② ～(し)そうです：**語幹**＋겠습니다

①意志・計画 ②推測

또 연락하겠습니다.

네, 잘 가요!
가끔 연락 주세요!

また、ご連絡します。

はい、お気をつけて！
たまに連絡して
ください！

　動詞や形容詞の語幹に「-겠습니다」をつけると、①「(私が)～(し)ます」のように話し手の意志や意図を表したり、②「～(し)そうです」のようにある状態を推量したりするとき使います。また、「처음 뵙겠습니다 (初めまして)」や「잘 먹겠습니다 (いただきます)」などのように慣用的な表現にも使われます。

表現	活用例「-겠습니다」
전화를 드리다 (お電話する)	전화를 드리겠습니다 (お電話いたします)
많이 걷다 (たくさん歩く)	많이 걷겠습니다 (たくさん歩きます)
자리를 만들다 (席を設ける)	자리를 만들겠습니다 (席を設けます)
사진을 찍다 (写真を撮る)	사진을 찍겠습니다 (写真を撮ります)
아주 재미있다 (とても面白い)	아주 재미있겠습니다 (とても面白そうです)
내일은 춥다 (明日は寒い)	내일은 춥겠습니다 (明日は寒いでしょう)
오늘은 시원하다 (今日は涼しい)	오늘은 시원하겠습니다 (今日は涼しいでしょう)

① 여기에서 기다리다 (ここで待つ) ⇒

② 제가 가다 (私が行く) ⇒

③ 내일은 따뜻하다 (明日は暖かい) ⇒

練習2　**日本語訳を見て<u>下線</u>のところを書き入れてみましょう!**

① 오늘도 ＿＿＿＿＿＿＿＿＿＿＿. (今日も涼しいでしょう。)〈시원하다〉

② 자료를 ＿＿＿＿＿＿＿＿＿＿＿. (資料を作ります。)〈만들다〉

③ 집 주위를 좀 ＿＿＿＿＿＿＿＿＿＿＿. (家の周りをちょっと歩きます。)〈걷다〉

練習3　**次の文を日本語に訳してみましょう!**

① 저는 이 부분을 보겠습니다.
⇒

② 좀 더 드시겠습니까? (더 : もっと、드시다 : 召し上がる)
⇒

③ 이번 이야기도 재미있겠습니다.
⇒

練習4　**<u>下線部</u>に注意して、韓国語に訳してみましょう!**

① コーヒーをお飲みになりますか。(お飲みになる:드시다)
⇒

② 私はここで待ちます。
⇒

③ 今日は家で本を読みます。
⇒

練習5　**例にならって「-겠습니다」の文を作ってみましょう!**

例　마치다 (終える) + 조금 쉬다 (少し休む)
⇒ 이거 마치고 조금만 쉬겠습니다. (これを終えて少し休みます。)

① 내일 (明日) + 춥다 (寒い)
⇒

② 감기에 걸리다 (風邪をひく) + 안 마시다 (飲まない)
⇒

③ 또 (また) + 뵙다 (お目にかかる)
⇒

62

도서관에서 **기다릴게요**.
図書館で**待ちます**。

（私が）～（し）ます：語幹＋(으)ㄹ게요 意志・約束

내일 도서관에서 만나요!

그래요! 도서관에서
기다릴게요.

明日、図書館で会いましょう。

そうしましょう！図書館で待ちます。

　動詞の語幹に「-(으)ㄹ게요」をつけると、「갈게요 (行きます)」「먹을게요 (食べます)」のように、「(私が) ～を(し)ます(ね)」のように話し手の意志で何かをするという、決心や約束などを表します。母音語幹には「-ㄹ게요」を、子音語幹には「-을게요」をつけます。

語幹	表現	活用例「-(으)ㄹ게요」
母音	연락을 드리다 (ご連絡する)	연락을 드릴게요 (ご連絡いたします)
	빨리 가다 (早く行く)	빨리 갈게요 (早く行きます)
	쓰레기를 줍다 ㅂ (ゴミを拾う)	쓰레기를 주울게요 (ゴミを拾います)
子音	전화를 끊다 (電話を切る)	전화를 끊을게요 (電話を切ります)
	창문을 열다 ㄹ (窓を開ける)	창문을 열게요 (窓を開けます)
	자동차에 싣다 ㄷ (車に載せる)	자동차에 실을게요 (車に載せます)
하다	콘서트를 예약하다 (コンサートを予約する)	콘서트를 예약할게요 (コンサートを予約します)

練習1 左ページの表のように「-(으)ㄹ게요」に直してみましょう！

① 제가 전화를 받다 (私が電話に出る) ⇒

② 먼저 집에 가다 (先に家に帰る) ⇒

③ 열심히 공부하다 (一生懸命勉強する) ⇒

練習2 日本語訳を見て下線のところを書き入れてみましょう！

① 아침마다 _____. (毎朝歩きます。)〈걷다〉

② 숙제를 하고 _____. (宿題をして遊びます。)〈놀다〉

③ 이제 _____. (これから食べます。)〈먹다〉

練習3 次の文を日本語に訳してみましょう！

① CD를 여러 번 들을게요. (여러 번：何回も)

⇒

② 저는 주스를 마실게요. (주스：ジュース)

⇒

③ 오늘은 순두부찌개 먹을게요. (순두부찌개：スンドゥブチゲ)

⇒

練習4 下線部に注意して、韓国語に訳してみましょう！

① 仕事が終わったら電話します。(終わる：마치다)

⇒

② チャプチェを作ってみます。(チャプチェ：잡채)

⇒

③ 明日は早く来ますね。

⇒

練習5 例にならって「-(으)ㄹ게요」の文を作ってみましょう！

例 한국어 (韓国語) + 써 보다 (書いてみる)

⇒ 한국어로 일기를 써 볼게요. (韓国語で日記を書いてみます。)

① 놀다 (遊ぶ) + 숙제를 하다 (宿題をする)

⇒

② 준비 (準備) + 돕다 (手伝う)

⇒

③ 모르다 (分からない) + 묻다 (聞く)

⇒

저는 커피 **마실래요**.

私はコーヒーを**飲みます**。

~（し）ます（か）：**動詞の語幹＋(으)ㄹ래요(?)** 意志・意向

menu
커피
아메리카노 5.0
에스프레소 5.5
카페라테 6.0
카푸치노 6.5
차
매실차 5.5
유자차 5.0

뭐 마실래요?   저는 커피 마실래요.

何を飲みますか。   私はコーヒーを飲みます。

「갈래요(?) (いきます（か）)」「먹을래요(?) (食べます（か）)」のように動詞の語幹に「-(으)ㄹ래요(?)」をつけると、自分の意志を表したり、相手の意向を尋ねたりする意味になります。この表現は親しい間柄でよく使われますが、あまり丁寧な感じはしません。

語幹	表現	活用例 「-(으)ㄹ래요」
母音	커피를 마시다 (コーヒーを飲む)	커피를 마실래요 (コーヒーを飲みます)
	좀 더 기다리다 (もう少し待つ)	좀 더 기다릴래요 (もう少し待ちます)
	비빔밥을 먹다 (ビビンパプを食べる)	비빔밥을 먹을래요 (ビビンパプを食べます)
子音	음악을 듣다 ㄷ (音楽を聞く)	음악을 들을래요? (音楽を聞きますか)
	밑반찬을 만들다 ㄹ (常備菜を作る)	밑반찬을 만들래요 (常備菜を作ります)
	집안일을 돕다 ㅂ (家事を手伝う)	집안일을 도울래요 (家事を手伝います)
하다	내일 전화하다 (明日、電話する)	내일 전화할래요? (明日、電話しますか)

練習1 **左ページの表のように「-(으)ㄹ래요(?)」に直してみましょう!**

① 이야기를 <u>듣다</u>（話を聞く）⇒

② 불고기를 <u>만들다</u>?（プルゴギを作る）⇒

③ 여행을 <u>하다</u>（旅行をする）⇒

練習2 **日本語訳を見て下線のところを書き入れてみましょう!**

① 집안일을 ＿＿＿＿＿＿＿＿＿＿＿＿＿．（家事を手伝います。）〈돕다〉

② 친구하고 밖에서 ＿＿＿＿＿＿＿＿＿＿＿．（友だちと外で遊びます。）〈놀다〉

③ 공원을 좀 ＿＿＿＿＿＿＿＿＿＿＿．（公園をちょっと歩きますか。）〈걷다〉

練習3 **次の文を日本語に訳してみましょう!**

① 저는 드라마를 볼래요.

⇒

② 오늘은 집에서 책을 좀 읽을래요.

⇒

③ 같이 서점에 갈래요?（서점：本屋）

⇒

練習4 **下線部に注意して、韓国語に訳してみましょう!**

① コーヒーを飲みますか。

⇒

② 私はここで待ちます。

⇒

③ キムチをもう<u>ちょっと食べますか</u>。

⇒

練習5 **例にならって「-(으)ㄹ래요」の文を作ってみましょう!**

例 피곤하다（疲れている）＋（休む）

⇒ 피곤한데 조금만 쉴래요?（疲れているので少し休みましょうか）

① 날씨（天気）＋ 공원에 가다（公園に行く）

⇒

② 막걸리（マッコリ）＋ 마셔 보다（飲んでみる）

⇒

③ 뭘（何を）＋ 먹다（食べる）

⇒

64

같이 영화 **보러** 가요!

いっしょに映画を**見に**行きましょう。

~（し）に：語幹＋(으)러 移動の目的

내일 영화 보러 가요! 좋아요! 무슨 영화예요?

明日、映画を
見に行きましょう。

いいですね！
何の映画ですか。

「보다 (見る)」のような母音語幹や「만들다 (作る)」のような「ㄹ語幹」に
「-러」を、「먹다 (食べる)」のような子音語幹に「-으러」を付けると「〜（し）
に」という移動の目的を表します。後ろには「가다 (行く)」、「오다 (来る)」な
どの動詞が来ます。

語幹	表現	活用例 「-(으)러」
母音	기타를 배우다 (ギターを習う)	기타를 배우러 (ギターを習いに)
	버스를 타다 (バスに乗る)	버스를 타러 (バスに乗りに)
子音	저녁을 먹다 (夕食を食べる)	저녁을 먹으러 (夕食を食べに)
	친구와 놀다 ㄹ (友だちと遊ぶ)	친구와 놀러 (友だちと遊びに)
	음악을 듣다 ㄷ (音楽を聞く)	음악을 들으러 (音楽を聞きに)
	친구를 돕다 ㅂ (友だちを手伝う)	친구를 도우러 (友達を手伝いに)
하다	공부하다 (勉強する)	공부하러 (勉強しに)

練習1 左ページの表のように「-(으)러」に直してみましょう！

① 옷을 사다 (服を買う) ➡

② 돈을 찾다 (お金をおろす) ➡

③ 노래를 듣다 (歌を聞く) ➡

練習2 日本語訳を見て下線のところを書き入れてみましょう！

① 이벤트 준비를 ＿＿＿＿＿＿＿＿ 왔어요. (イベントの準備を<u>手伝いに来ました</u>。)〈돕다〉

② 통장을 ＿＿＿＿＿＿＿＿ 가요. (通帳を<u>作りに行きます</u>。)〈만들다〉

③ 음악을 ＿＿＿＿＿＿＿＿ 카페로 가요. (音楽を<u>聞きに</u>カフェに行きます。)〈듣다〉

練習3 次の文を日本語に訳してみましょう！

① 우리 집에 밥 먹으러 올래요?

➡

② 저는 책을 빌리러 도서관에 갈래요.

➡

③ 스키를 타러 안 갈래요?

➡

練習4 下線部に注意して、韓国語に訳してみましょう！

① 友だちに<u>会いに</u>出かけるつもりです。(出かける：나가다)

➡

② お昼<u>食べに</u>行きませんか。

➡

③ 韓国語を<u>勉強しに</u>学校へ来ました。

➡

練習5 例にならって「-(으)러」の文を作ってみましょう！

例 태권도를 배우다 (テコンドーを習う) + 도장 (道場)

➡ 태권도를 배우러 도장에 가요. (テコンドーを習いに道場に行きます。)

① 눈사람을 만들다 (雪だるまを作る) + 밖 (外)

➡

② 후지산 (富士山) + 사진을 찍다 (写真を撮る)

➡

③ 강연을 듣다 (講演を聞く) + 학교 (学校)

➡

65

여행을 **가려고 해요.**

旅行に**行こうと思います。**

~(し)ようと思います：**語幹+(으)려고 해요**　意図・計画・目的

연휴 때 뭐 할
예정이에요?

제주도에 여행을
가려고 해요.

連休の時何を
する予定ですか。

済州島へ旅行に
行こうと思います。

動詞の語幹に「-(으)려고 해요」をつけると、「가려고 해요 (行こうと思います)」「먹으려고 해요 (食べようと思います)」のように「～(し)ようと思います」という意味になり、意図や計画を表します。過去形は「가려고 했어요 (行こうと思いました)」「먹으려고 했어요 (食べようと思いました)」と言います。

語幹	表現	活用例「-(으)려고 해요」
母音	술을 마시다 (お酒を飲む)	술을 마시려고 해요 (お酒を飲もうと思います)
	가방을 사다 (かばんを買う)	가방을 사려고 해요 (かばんを買おうと思います)
子音	창문을 닦다 (窓を拭く)	창문을 닦으려고 해요 (窓を拭こうと思います)
	계란을 삶다 (卵をゆでる)	계란을 삶으려고 해요 (卵をゆでようと思います)
	간장을 넣다 (醤油を入れる)	간장을 넣으려고 해요 (醤油を入れようと思います)
	오래 걷다 ㄷ (長く歩く)	오래 걸으려고 해요 (長く歩こうと思います)
하다	표를 예약하다 (チケットを予約する)	표를 예약하다 (チケットを予約しようと思います)

練習1 **左ページの表のように「-(으)려고 해요」に直してみましょう!**

① 밤늦게까지 일하다 (夜遅くまで働く) ➡

② 아침 일찍 일어나다 (朝早く起きる) ➡

③ 모임에 참석하다 (会合に出席する) ➡

練習2 **日本語訳を見て下線のところを書き入れてみましょう!**

① 김밥을 _____. (キムパプを作ろうと思います。)〈만들다〉

② 일요일에는 _____. (日曜日には掃除しようと思います。)〈청소하다〉

③ CD를 여러 번 _____. (CDを何回も聞こうと思います。)〈듣다〉

練習3 **次の文を日本語に訳してみましょう!**

① 차를 마시고 설거지를 하려고 해요. (설거지 : 皿洗い)

➡

② 자기 전에 숙제를 하려고 해요.

➡

③ 가족 사진을 찍으려고 해요. (사진을 찍다 : 写真を撮る)

➡

練習4 **下線部に注意して、韓国語に訳してみましょう!**

① 明日から年賀状を書こうと思っています。(年賀状 : 연하장)

➡

② 今日は家でゆっくり休もうと思います。(ゆっくり : 푹)

➡

③ 試験勉強をしてから友だちに会おうと思っています。

➡

練習5 **例にならって「-(으)려고 해요」の文を作ってみましょう!**

例 점심 (昼ご飯) + 영화를 보다 (映画を観る)

➡ 점심을 먹고 나서 영화를 보려고 해요.
(昼ごはんを食べてから映画を観ようと思います。)

① 주말 (週末) + 집안일을 돕다 (家事を手伝う)

➡

② 일을 마치다 (仕事を終える) + 가다 (行く)

➡

③ 아침마다 (毎朝) + 걷다 (歩く)

➡

첫눈이 **내리면** 만나요!

初雪が**降れば**会いましょう。

~（す）れば、～（する）と、～（し）たら：語幹＋**(으)면** 仮定・条件

첫눈이 내리면
만나요!

좋아요! 빨리 첫눈이
오면 좋겠어요.

初雪が降れば
会いましょう。

いいですね。
早く初雪が降ったら
いいでしょうね。

　動詞や形容詞の語幹に、「-(으)면」をつけると「～ば、～と、～たら」といった仮定や条件の意味になり、母音語幹や「ㄹ語幹」には「-면」、子音語幹には「-으면」をつけます。なお、過去表現は動詞や形容詞の語幹末が陽母音の場合は「-았으면」を、陰母音の場合は「-었으면」をつけます。

語幹	表現	活用例「-(으)면」
母音	메일을 보내다（メールを送る）	메일을 보내면（メールを送ると）
	친구를 만나다（友だちに会う）	친구를 만나면（友だちに会うと）
子音	날씨가 덥다 ㅂ（天気が暑い）	날씨가 더우면（天気が暑いと）
	창문을 열다 ㄹ（窓を開ける）	창문을 열면（窓を開けると）
	문을 닫다（ドアを閉める）	문을 닫으면（ドアを閉めると）
	잔디를 깎다（芝生を刈る）	잔디를 깎으면（芝生を刈ると）
하다	매일 운동하다（毎日運動する）	매일 운동하면（毎日運動すれば）

練習1 左ページの表のように「-(으)면」に直してみましょう！

① 눈을 감다 (目をつぶる) ➡

② 공부를 가르치다 (勉強を教える) ➡

③ 한국어로 번역하다 (韓国語に翻訳する) ➡

練習2 日本語訳を見て下線のところを書き入れてみましょう！

① 교실이 _____ 에어컨을 켜세요. (教室が暑ければエアコンをつけてください。)〈덥다〉

② 수업 시간에 _____ 안 돼요. (授業時間に居眠りしてはいけません。)〈졸다〉

③ 많이 _____ 건강에 좋아요. (たくさん歩くと健康にいいです。)〈걷다〉

練習3 次の文を日本語に訳してみましょう！

① 드라마를 안 보면 영화라도 볼까요? (라도 : 〜でも)

➡

② 스마트폰이 있으면 편리해요. (편리하다 : 便利だ)

➡

③ 노래를 하면 기분이 좋아져요. (기분 : 気分)

➡

練習4 下線部に注意して、韓国語に訳してみましょう！

① 午後にコーヒーを飲むと夜眠れません。

➡

② おいしかったらもっと召し上がってください。(召し上がる : 드시다)

➡

③ 写真を撮ったらアップしてください。(アップする : 올리다)

➡

練習5 例にならって「-(으)면」の文を作ってみましょう！

例 돈이 생기다 (お金ができる) + 여행 (旅行)

➡ 돈이 생기면 여행가고 싶어요. (お金ができたら旅行に行きたいです。)

① 바지를 입다 (ズボンをはく) + 편하다 (楽だ)

➡

② 늦다 (遅れる) + 연락하다 (連絡する)

➡

③ 아프다 (具合が悪い) + 병원 (病院)

➡

매일 김치를 **먹는 것 같아요**.

毎日、キムチを**食べているようです**。

~（し）ているようです：**動詞の語幹**＋는 것 같아요 [推測]

한국 사람들은
매일 김치를
먹는 것 같아요.

네, 그래요.
거의 매일 먹죠.*

韓国人は毎日キムチを
食べているようです。

ええ、そうですね。
ほとんど毎日食べます。

＊「죠」は **69** 参照

「가는 것 같아요 (行くようです)」「먹는 것 같아요 (食べているみたいです)」
のように動詞や存在詞 (있다, 없다) の語幹に「-는 것 같아요」をつけると、
「～（し）ているみたいです、～（し）ているようです」という意味になり、自分
の経験からある事柄について推測するとき使います。

表現	活用例 「-는 것 같아요」
영화를 보다 (映画を見る)	영화를 보는 것 같아요 (映画を見ているようです)
빵을 먹다 (パンを食べる)	빵을 먹는 것 같아요 (パンを食べるみたいです)
매일 걷다 (毎日、歩く)	매일 걷는 것 같아요 (毎日、歩いているようです)
소설이 재미있다 (小説が面白い)	소설이 재미있는 것 같아요 (小説が面白いようです)
서울에 살다 ㄹ (ソウルで暮らす)	서울에 사는 것 같아요 (ソウルで暮らしているようです)
부모를 돕다 (両親を手伝う)	부모를 돕는 것 같아요 (両親を手伝っているみたいです)
숙제하다 (宿題する)	숙제하는 것 같아요 (宿題しているようです)

練習1 左ページの表のように「-는 것 같아요」に直してみましょう！
① 영국에 가다（イギリスに行く）⇒
② 실력이 늘다（実力が伸びる）⇒
③ 불고기가 맛있다（プルゴギがおいしい）⇒

練習2 日本語訳を見て下線のところを書き入れてみましょう！
① 내일 모임에 ＿＿＿＿＿＿＿＿＿．（明日集まりに行けないようです。）〈가다〉
② 다음에는 김치를 ＿＿＿＿＿＿＿＿＿．（次はキムチを作るみたいです。）〈만들다〉
③ 요즘은 많이 ＿＿＿＿＿＿＿＿＿．（このごろはたくさん歩いているようです。）〈걷다〉

練習3 次の文を日本語に訳してみましょう！
① 아마 아침마다 운동을 하는 것 같아요.（아마：多分）
⇒
② 불고기를 자주 먹는 것 같아요.
⇒
③ 집에서 일을 하는 것 같아요.
⇒

練習4 下線部に注意して、韓国語に訳してみましょう！
① 多分、明日試験を受けるようです。（試験を受ける：시험을 보다）
⇒
② 田中さんは授業に出られないようです。（出る：나오다）
⇒
③ 映画がおもしろいようです。
⇒

練習5 例にならって「-는 것 같아요」の文を作ってみましょう！
例 친구 부모님（友だちのご両親）＋ 요코하마에 살다（横浜に住む）
⇒ 친구 부모님은 요코하마에 사시는 것 같아요.
（友だちのご両親は横浜に住んでいらっしゃるようです。）
① 수업 후（授業の後）＋ 모임이 있다（集まりがある）
⇒
② 오늘（今日）＋ 마시다（飲む）
⇒
③ 노래（歌）＋ 듣다（聞く）
⇒

143

영화를 자주 **보네요**.

映画をよく**見ますね**。

~ますね、~ですね：**語幹**＋네요　感嘆・同意

어제도
영화 봤어요.

昨日も映画を見ました。

영화를
자주 보네요.

映画をよく見ますね。

「가네요 (行きますね)」「좋네요 (いいですね)」のように動詞や形容詞の語幹に「-네요」をつけると、「～ますね、～ですね」という意味になり、感嘆や同意、確認などを表すとき使います。なお、過去表現は語幹末の母音が陽母音のときは「-았네요」、陰母音のときは「-었네요」を使います。

表現	活用例 「-네요」
맛있게 먹다 (おいしく食べる)	맛있게 먹네요 (おいしそうに食べますね)
잘 만들다 ㄹ (うまく作る)	잘 만드네요 (うまく作りますね)
눈이 내리다 (雪が降る)	눈이 내리네요 (雪が降りますね)
날씨가 춥다 (天気が寒い)	날씨가 춥네요 (天気が寒いですね)
맛이 괜찮다 (おいしい)	맛이 괜찮네요 (おいしいですね)
자주 듣다 (よく聞く)	자주 듣네요 (よく聞きますね)
카페가 조용하다 (カフェが静かだ)	카페가 조용하네요 (カフェが静かですね)

練習1 **左ページの表のように「-네요」に直してみましょう!**

① 많이 걷다 (たくさん歩く) ⇒

② 키가 크다 (背が高い) ⇒

③ 열심히 운동하다 (一生懸命運動する) ⇒

練習2 **日本語訳を見て下線のところを書き入れてみましょう!**

① 교실이 ＿＿＿＿＿＿＿＿. (教室が暑いですね。)〈덥다〉

② 즐겁게 ＿＿＿＿＿＿＿＿. (楽しく遊びますね。)〈놀다〉

③ 한국 노래 많이 ＿＿＿＿＿＿＿＿. (韓国の歌、たくさん聞きますね。)〈듣다〉

練習3 **次の文を日本語に訳してみましょう!**

① 여기는 와이파이를 쓸 수 있네요.

⇒

② 재미있는 책이 무척 많네요. (무척 : とても)

⇒

③ 한국말을 정말로 잘 하시네요. (정말로 : ほんとうに)

⇒

練習4 **下線部に注意して、韓国語に訳してみましょう!**

① コーヒーがお好きですね。

⇒

② この食堂は静かですね。

⇒

③ キムチをよく食べますね。

⇒

練習5 **例にならって「-네요」の文を作ってみましょう!**

例 첫눈 (初雪) + 내리다 (降る)

⇒ 올해는 첫눈이 일찍 내리네요. (今年は初雪が早く降りますね。)

① 오늘 (今日) + 춥다 (寒い)

⇒

② 술 (お酒) + 마시다 (飲む)

⇒

③ 요즘 (最近) + 바쁘다 (忙しい)

⇒

요즘 날씨 좋죠?

最近、天気いいでしょう。

~でしょう、~ますよ（ね）、~ですよ（ね）：**語幹＋죠** 　同意・確認

네! 가을 하늘
정말 예쁘네요.

요즘 날씨 좋죠?

最近、天気が
いいでしょう？

はい！秋の空は
ほんとうにきれいですね。

　動詞や形容詞の語幹などに「-죠?」をつけると、「가죠?（行くでしょう、行きますよね）」「좋죠?（いいでしょう、いいですよね）」のように、質問や確認の意味になります。過去形は「갔죠（行ったでしょう）」「좋았죠（よかったですよ）」のように、「-았죠/었죠」をつけます。なお、「-죠」は「-지요」の縮約形です。

表現	活用例 「-죠?」
같이 가다 (いっしょに行く)	같이 가죠? (いっしょに行くでしょう?)
며칠 묵다 (数日間、泊まる)	며칠 묵죠? (数日間泊まるでしょう?)
내일 만나다 (明日会う)	내일 만나죠? (明日会うでしょう?)
책을 읽다 (本を読む)	책을 읽죠? (本を読むでしょう?)
맛이 좋다 (おいしい)	맛이 좋죠? (おいしいでしょう?)
이 모자는 멋있다 (この帽子は素敵だ)	이 모자는 멋있죠? (この帽子は素敵でしょう?)
아직 학생이다 (まだ、学生だ)	아직 학생이죠? (まだ、学生でしょう?)

練習1 左ページの表のように「-죠?」に直してみましょう!

① 아침 일찍 일어나다 (朝早く起きる) ⇒

② 밤늦게까지 공부하다 (夜遅くまで勉強する) ⇒

③ 오늘 약속이 있다 (今日、約束がある) ⇒

練習2 日本語訳を見て下線のところを書き入れてみましょう!

① 가게가 넓고 ＿＿＿＿＿＿? (店が広くてきれいですよね。)〈깨끗하다〉

② 이 빵 ＿＿＿＿＿＿? (このパンおいしいでしょう。)〈맛있다〉

③ 늘 청소를 먼저 하고 밥을 ＿＿＿＿＿? (いつも掃除をしてからご飯を食べますよね?)〈먹다〉

練習3 次の文を日本語に訳してみましょう!

① 이번 여행은 2박 3일이죠? (이번 : 今度、2박 3일 : 2泊3日)
   ⇒

② 내일은 일찍 출발하죠? (출발하다 : 出発する)
   ⇒

③ 어머니는 드라마를 무척 좋아하시죠? (무척 : とても)
   ⇒

練習4 下線部に注意して、韓国語に訳してみましょう!

① 来週、試験がありますよね。
   ⇒

② このかばんは安くていいでしょう。
   ⇒

③ トッポッキは辛くて甘いですよね。(甘い：달다)
   ⇒

練習5 例にならって「-죠」の文を作ってみましょう!

例 운동하다 (運動する) + 좋아지다 (よくなる)
   ⇒ 저는 운동해서 건강이 좋아졌죠. (私は運動して、体の具合が良くなりましたよ。)

① 노래하다 (歌う) + 기분이 좋다 (気持ちいい)
   ⇒

② 요즘 (最近) + 배우다 (学ぶ)
   ⇒

③ 걷다 (歩く) + 피곤하다 (疲れている)
   ⇒

이 집 음식은 정말 **맛있거든요**.

このお店の料理は本当に**おいしいんですよ**。

~（し）ますよ、~（ん）ですよ：**語幹**+거든요　説明・根拠提示

이 갈비는
참 맛있네요.

이 집은 정말
뭐든지 다
맛있거든요.

このカルビはほんとうに
おいしいですね。

このお店は
ほんとうに何でも全部
おいしいんですよ。

「먹거든요」「좋거든요」などのように、動詞や形容詞などの語幹に「-거든요」をつけると、「～ますよ」「～ですよ」「～んですよ」という意味で、理由や考えを述べるとき用い、親しい間柄で使います。なお、過去形は「먹었거든요」「좋았거든요」のように語幹に「-았/었거든요」をつけます。

表現	活用例「-거든요」
편지를 보내다 (手紙を出す)	편지를 보내거든요 (手紙を出すんですよ)
사진을 찍다 (写真を撮る)	사진을 찍거든요 (写真を撮るんですよ)
전철을 타다 (電車に乗る)	전철을 타거든요 (電車に乗るんですよ)
책을 읽다 (本を読む)	책을 읽거든요 (本を読むんですよ)
날씨가 춥다 (天気が寒い)	날씨가 춥거든요 (天気が寒いんですよ)
크기가 작다 (大きさが小さい)	크기가 작거든요 (大きさが小さいんですよ)
자주 전화하다 (よく電話する)	자주 전화하거든요 (よく電話するんですよ)

練習1 **左ページの表のように「-거든요」に直してみましょう！**

① 단풍이 예쁘다 (紅葉がきれいだ) ⇒

② 매일 걷다 (毎日歩く) ⇒

③ 서울에서 살다 (ソウルで暮らす) ⇒

練習2 **日本語訳を見て下線のところを書き入れてみましょう！**

① 노래를ㅤㅤㅤㅤㅤㅤㅤㅤ. (歌を聞くんますよ。) 〈듣다〉

② 어제도ㅤㅤㅤㅤㅤㅤㅤㅤ. (昨日も作ったんですよ。) 〈만들다〉

③ 서울은 지금ㅤㅤㅤㅤㅤㅤㅤ. (ソウルは今寒いんです。) 〈춥다〉

練習3 **次の文を日本語に訳してみましょう！**

① 학교에서 수학 여행을 가거든요. (수학 여행 : 修学旅行)
⇒

② 다음 주에 시험을 보거든요. (시험을 보다 : 試験を受ける)
⇒

③ 취미로 사진을 찍거든요. (취미 : 趣味)
⇒

練習4 **下線部に注意して、韓国語に訳してみましょう！**

① キムチは辛くてもおいしいんですよ。
⇒

② メールで送ってもいいんですよ。(いい : 되다)
⇒

③ ちょっと遅れても大丈夫ですよ。(遅れる : 늦다、大丈夫だ : 괜찮다)
⇒

練習5 **例にならって「-거든요」の文を作ってみましょう！**

例 친구 (友だち) + 걷다 (歩く)
⇒ 친구하고 자주 걷거든요. (友だちとよく歩くんです。)

① 요즘 (最近) + 배우다 (習う)
⇒

② 밑반찬 (常備菜) + 만들다 (作る)
⇒

③ 다음 달 (来月) + 이사하다 (引っ越す)
⇒

解答編

1

練習1
① 이것은 잡지입니까?
② 내일은 일요일입니다.
③ 오늘 신문입니다.

練習2
① 노트입니까? ② 비빔밥입니다.
③ 회사입니다.

練習3
① これは新しいノートです。
② 明日は何曜日ですか。
③ 趣味は音楽です。

練習4
① 이것도 비빔밥입니까?
② 그것은 어린이 잡지입니다.
③ 한국 신문입니다.

練習5
① 이건 언니 가방입니다.
② 이것도 영어 책입니까?
③ 저것도 떡볶이입니까?

練習1
① 회사에 갑니다. ② 밥을 먹습니다.
③ 교실은 조용합니다.

練習2
① 봅니다. ② 먹습니다. ③ 운동을 합니까?

練習3
① 毎年、クリスマスプレゼントをもらいます。
② 土曜日にも学校へ行きますか。
③ 韓国ドラマをほとんど毎日見ています。

練習4
① 강아지가 귀엽습니다.
② 김치를 자주/잘 먹습니까?
③ 날씨가 좋습니다.

練習5
① 토요일에 도서관에 갑니다.
② 누나가 빵을 만듭니다.
③ 매일 아침에 밥을 먹습니다.

3

練習1
① 공원이에요. ② 편지예요.
③ 한국 사람이에요?

練習2
① 예요? ② 이에요. ③ 예요.

練習3
① 今日はお姉さんの誕生日です。
② これは誰のコンピューターですか。
③ それは風邪薬です。

練習4
① 이건 막걸리예요.
② 여기는 공원이에요.
③ 이것도 장미예요?

練習5
① 오늘은 남동생 생일이에요.
② 그건 무슨 주스예요?
③ 이건 누구 노래예요?

練習1
① 오빠가 있어요. ② 숙제가 있어요?
③ 시간이 없어요.

練習2
① 친구가 있어요. ② 시간이 없어요.
③ 고양이가 있어요?

練習3
① 試験はいつありますか。
② 今日は宿題がありません。
③ 兄さんがいますか。

練習4
① 집 앞에 공원이 있어요.
② 여기에 김밥도 있어요?
③ 교실에 누가 있어요?

練習5
① 그 친구 사진도 있어요?
② 학생 잡지도 있어요?
③ 주말에 시간 있어요?

練習1

① 어디에서 공부해요? ② 집이 조용해요.
③ 매일 운동해요.

練習2

① 숙제해요. ② 청소해요. ③ 조용해요?

練習3

① 또 連絡しましょう。
② 韓国語はいつ勉強しますか。
③ 友だちと話します。

練習4

① 아침에 산책해요.
② 도서관에서 공부해요.
③ 언제 청소해요?

練習5

① 집에서 공부해요.
② 공원이 조용해요?
③ 카페에서 이야기해요.

6

練習1

① 밥을 먹어요. ② 편지를 받아요.
③ 책을 읽어요.

練習2

① 좋아요. ② 들어요? ③ 살아요.

練習3

① 最近は何の本を読んでいますか。
② 友だちは性格がとても良いです。
③ 新しいパソコンはとても小さいです。

練習4

① k-pop을 매일 들어요.
② 친구하고 도시락을 먹어요.
③ 신문을 읽어요?

練習5

① 친구하고 같이 공부해요.
② 오늘은 학교에서 김밥을 만들어요.
③ 같이 한국 노래를 들어요!

7

練習1

① 회사에 가요. ② 값이 비싸요.
③ 버스는 호텔 앞에 서요?

練習2

① 사요. ② 타요? ③ 켜요.

練習3

① 弟は寮で過ごしています。
② 今度の電車は上野に停まりますか。
③ 韓国のタクシーの料金は安いですか。

練習4

① 친구하고 영화관에 가요.
② 오늘은 바람이 무척 세요.
③ 메일을 보내요.

練習5

① 버스가 도서관 앞에 서요.
② 주말에 집에서 지내요.
③ 요즘은 과일이 비싸요.

8

練習1

① 학교에 다녀요. ② 드라마를 봐요.
③ 한글을 배워요?

練習2

① 와요. ② 마셔요. ③ 기다려요?

練習3

① 週末には家で休みます。
② 店の看板が目立ちます。
③ お姉さんは銀行に勤めています。

練習4

① 저는 요즘 한국어를 배워요.
② 내일은 엄마하고 영화를 봐요.
③ 이제 사회인이 되어요/돼요.

練習5

① 아들이 이제 대학생이 되어요/돼요.
② 주말에는 집에서 쉬어요.
③ 무슨 악기를 배워요?

9

練習1

① 모자를 벗으세요. ② 요즘도 요가를 하세요?
③ 매일 걸으세요.

練習2

① 만드세요? ② 연락하세요? ③ 들으세요

練習3

① おじいさんは朝早く歩きます。

② 韓国の新聞も読んでください。

③ 時間が多いですか?

練習4

① 일본에는 언제쯤 오세요?

② 할머니는 매일 아침에 체조를 하세요.

③ 여행을 좋아하세요?

練習5

① 요즘도 일기를 매일 쓰세요?

② 연하장은 언제쯤 보내세요?

③ 부모님은 교토에 사세요.

10

練習1

① 조용하고 좋아요.

② 값도 싸고 품질도 괜찮아요.

③ 밥도 먹고 차도 마셔요.

練習2

① 깨끗하고 　② 달고 　③ 하고

練習3

① トッポッキは辛くて甘いです。

② これはカボチャで、あれはスイカです。

③ 母はドラマを見て、父は掃除をします。

練習4

① 도서관에서 숙제도 하고 공부도 해요.

② 이 구두는 싸고 좋아요.

③ 같이 밥도 먹고 영화도 봐요!

練習5

① 주말에는 공부도 하고 운동도 해요.

② 여기는 깨끗하고 음식 맛도 좋아요.

③ 일요일에는 집을 정리하고 드라마도 봐요.

11

練習1

① 신문을 보면서

② 공원은 넓으면서

③ 친구는 회사원이면서

練習2

① 보면서 　② 먹으면서 　③ 매우면서

練習3

① ピアノを弾きながら歌います。

② 私は主婦でありながら学生です。

③ ダンスもうまく恰好いいです。

練習4

① 텔레비전을 보면서 운동을 해요.

② 노래를 들으면서 걸어요.

③ 언니/누나는 회사원이면서 가수예요.

練習5

① 오빠는 일하면서 공부해요.

② 떡볶이는 달면서 매워요.

③ 엄마하고 이야기를 하면서 걸어요.

12

練習1

① 식기 전에 먹어요.

② 놀기 전에 숙제해요.

③ 자기 전에 책을 읽어요.

練習2

① 먹기 전에 　② 보내기 전에

③ 약속하기 전에

練習3

① 旅行に行く前に計画を立てます。

② 朝ご飯を食べる前に歯を磨きます。

③ 出勤する前に家でコーヒーを飲みます。

練習4

① 술을 마시기 전에 우유를 마셔요.

② 쇼핑을 하기 전에 메모를 해요.

③ 자기 전에 드라마를 봐요.

練習5

① 말하기 전에 잘 생각해요.

② 과일을 먹기 전에 깨끗하게 씻어요.

③ 학교에 가기 전에 예습을 해요.

13

練習1

① 쇼핑을 하고 (나서) 점심을 먹어요.

② 책을 읽고 (나서) 이야기해요.

③ CD를 듣고 (나서) 따라 읽어요.

練習2

① 보고 (나서) 　② 먹고 (나서)

③ 청소하고 (나서)

練習3

① 服を着て (から) 靴をはきます。

② 朝ご飯を食べて (から) 歯を磨きます。

③ 運動をして (から) シャワーを浴びます。

練習4
① 친구를 만나고 (나서) 집으로 돌아왔어요.
② 일을 마치고 (나서) 한국어 교실에 가요.
③ 저녁을 먹고 (나서) 숙제를 해요.
練習5
① 공부하고 (나서) 같이 운동을 해요!
② 먼저 책을 읽고 (나서) 요약해요!
③ 아침을 먹고 (나서) 이를 닦고 학교에 가요.

14

練習1
① 서울에 와서　② 사과를 깎아서
③ 열심히 공부해서
練習2
① 가서　② 숙제를 해서　③ 사서
練習3
① 友だちに会って図書館に行きます。
② 使い方を習って、やってみてください。
③ お弁当を買って食べます。
練習4
① 잡채를 만들어서 먹어요.
② 사진을 찍어서 보내요.
③ 의자에 앉아서 기다려 주세요.
練習5
① 돈을 많이 벌어서 집을 사고 싶어요.
② 라면을 끓여서 같이 먹어요.
③ 서울에 가서 오랜만에 친구를 만나요.

15

練習1
① 여기로 오는 사람　② 지금 듣는 노래
③ 내일 가는 곳
練習2
① 만나는　② 마시는　③ 청소하는
練習3
① 韓国文化を学ぶクラスです。
② お肉を焼く人が私の彼氏です。
③ 韓国語を勉強する時間が楽しいです。
練習4
① 쉬는 날이 언제예요?
② 내일도 학교에 오는 사람 있어요?
③ 아들이 공부하는 방이에요.

練習5
① 여기가 한국어를 공부하는 교실이에요.
② 지금 굽는 생선은 뭐예요?
③ 자주 가는 식당은 어디예요?

16

練習1
① 회사에 갔어요?　② 이름을 물었어요.
③ 카페가 조용했어요.
練習2
① 왔어요.　② 씻었어요.　③ 공부했어요?
練習3
① お昼にお弁当を食べました。
② 子どもが笑いました。
③ 昨日も試験勉強をしましたか。
練習4
① 어제는 떡볶이를 만들었어요?
② 오늘도 기분이 좋았어요.
③ 어젯밤에 CD를 들었어요.
練習5
① 그저께는 비가 많이 왔어요.
② 일요일에 친구가 집에 왔어요.
③ 어제는 처음으로 삼계탕을 만들었어요.

17

練習1
① 어제 간 공원　② 아침에 받은 편지
③ 아까 들은 노래
練習2
① 만난　② 만든　③ 받은
練習3
① 私が作ったお餅です。
② 先、食べたトッポッキはとてもおいしかったです。
③ 昨日見た映画は面白かったですか。
練習4
① 누나한테 받은 책이에요.
② 그 노래는 들은 적이 있어요.
③ 지금 구운 빵이에요.
練習5
① 전에 본 영화가 재미있었어요.
② 이건 제가 만든 김밥이에요.
③ 지난 번에 들은 이야기가 재미있었어요.

18

練習1

① 물을 마신 후에　② 아침을 먹은 후에

③ 노래를 부른 후에

練習2

① 걸은 후에　② 만든 후에　③ 한 후에

練習3

① 夕食を食べた後で散歩しましょう！

② 歌を歌った後で水をたくさん飲みました。

③ 卒業してからすぐ就職しました。

練習4

① 지짐이를 먹은 후에 더 주문했어요.

② 영화를 본 다음에 밥 먹어요!

③ 시험 공부를 한 후에 게임을 했어요.

練習5

① 점심을 먹은 후에 같이 공부해요!

② 차를 마신 다음에 영화를 봐요.

③ 공원을 걸은 다음에 좀 쉬어요!

19

練習1

① 한국 드라마를 본 적이 있어요.

② 기타를 배운 적이 없어요.

③ 유자차를 마신 적이 있어요?

練習2

① 배운 적이　② 만든 적이　③ 간 적이

練習3

① サムゲタンを食べたことがありません。

② 最近プレゼントをもらったことがありますか。

③ 卒業後にクラスメートに会ったことがあります。

練習4

① 막걸리를 마신 적이 있어요.

② 약속을 잊은 적이 있어요?

③ 그 이야기는 들은 적이 없어요.

練習5

① 아프리카에 여행을 간 적이 없어요.

② 실제로 아이돌을 만난 적이 있어요.

③ 한국 영화를 본 적이 있어요?

20

練習1

① 편지를 쓴 지　② 저녁을 먹은 지

③ 꽃을 심은 지

練習2

① 배운 지　② 만든 지　③ 들은 지

練習3

① 風邪をひいて3日目です。

② 映画館に行って1年が過ぎました。

③ 卒業してからどのくらいになりましたか。

練習4

① 영어를 공부한 지 10년이 지났어요.

② 그 이야기를 들은 지 일주일이 되었어요.

③ 친구를 만난 지 한 달이 되었어요.

練習5

① 태권도를 배운 지 얼마나 되었어요?

② 학교 때 친구를 만난 지 2년이 되었어요.

③ 가족과 여행을 한 지 오래 되었어요.

21

練習1

① 자주 먹던 과자　② 가끔 가던 공원

③ 엄마가 입던 옷

練習2

① 하던　② 놀던　③ 먹던

練習3

① さっき聞いた歌はどんな歌ですか。

② ここは友だちとよく歩いた道です。

③ 昨日見た映画は面白かったですか。

練習4

① 지난번에 읽던 책이에요.

② 제가 마시던 커피예요.

③ 옛날에 자주 듣던 노래예요.

練習5

① 언니가 입던 교복이에요.

② 옛날에 즐겨 마시던 전통차예요

③ 친구하고 자주 가던 카페가 있어요.

22

練習1

① 자주 먹었던 과자　② 늘 갔던 공원

③ 가끔 마셨던 술

練習2

① 했던　② 놀았던　③ 먹었던

練習3

① お母さんが昔聞いた歌はどんな歌ですか。

② 昔、よく行ったところです。ずいぶん変わりましたね。

③ この前に見た映画は面白かったですか。

練習4

① 전에 읽었던 책이에요.추천해요!

② 아까 마셨던 건 이게 아니에요.

③ 옛날에 다녔던 학교예요.

練習5

① 입학식 때 입었던 정장이에요.

② 옛날에 즐겨 마셨던 차예요

③ 전에 자주 만났던 선배예요.

23

練習1

① 아침을 안 먹어요.　② 도서관에 안 가요?

③ 오늘은 안 추워요.

練習2

① 안 더워요.　② 안 놀아요.　③ 안 걸어요?

練習3

① 今日はドラマを見ないのですか。

② スマートフォンのせいで本をあまり読まないんです。

③ なかなか運動をしないんです。

練習4

① 오후에는 커피를 안 마셔요.

② 그 식당은 안 조용해요.

③ 김치를 자주 안 먹어요?

練習5

① 도쿄는 별로 안 추워요.

② 요즘은 술을 안 마셔요.

③ 친구를 자주 안 만나요?

24

練習1

① 빵을 먹지 않아요.

② 은행에 가지 않아요.

③ 내일은 바쁘지 않아요?

練習2

① 가지 않아요.　② 춥지 않아요?

③ 듣지 않아요.

練習3

① テレビをよく見ません。

② 教科書を読んでいませんでした。

③ このごろは会いません。

練習4

① 홍차는 별로 마시지 않아요 .

② 지금은 서울에 살지 않아요.

③ 저녁을 먹지 않아요?

練習5

① 요즘에는 치마를 잘 입지 않아요.

② 전에는 교통이 좋지 않았어요.

③ 오늘은 그다지 덥지 않아요.

25

練習1

① 낫토를 못 먹어요.　② 여행을 못 가요.

③ 전화를 못 해요.

練習2

① 못 가요.　② 못 만들어요.　③ 못 걸어요?

練習3

① 朝は運動ができません。

② 韓国の新聞はまだ読めませんか。

③ 平日は家事が手伝えません。

練習4

① 블랙커피는 못 마셔요?

② 오늘은 수업에 못 가요.

③ 김치를 별로 못 먹어요.

練習5

① 기모노를 혼자서 못 입어요.

② 밤에는 커피를 많이 못 마셔요.

③ 요즘은 엄마를 많이 못 도와요.

26

練習1

① 한자를 읽지 못해요.

② 집에 가지 못 해요.

③ 친구를 돕지 못 해요?

練習2

① 만들지 못해요.　② 연락하지 못했어요.

③ 듣지 못했어요?

練習3

① 水泳ができません。

② 教科書を読むことができませんでした。

③ 最近はよく歩けません。

練習4

① 요즘에는 만나지 못해요

② 지금은 여행을 하지 못해요.

③ 저녁을 먹지 못했어요?

練習5

① 지하철에서 자리에 앉지 못했어요.

② 주말에는 좀처럼 공부하지 못해요.

③ 오늘은 일을 돕지 못해요.

27

練習1

① 한글을 읽을 수 있어요/없어요.

② 모임에 갈 수 있어요/없어요.

③ 일을 도울 수 있어요/없어요.

練習2

① 만들 수 있어요. ② 연락할 수 있어요?

③ 들을 수 있어요.

練習3

① いつ頃食べられますか。

② 韓国の新聞が読めます。

③ まだ旅行ができませんか。

練習4

① 혼자서 공부할 수 있어요.

② 백화점에 갈 수 있어요?

③ 오늘 같이 저녁을 먹을 수 있어요?

練習5

① 한국 음식을 만들 수 있어요.

② 언제까지 메일을 보낼 수 있어요?

③ 시험 때문에 집안일을 도울 수 없어요.

28

練習1

① 소설을 읽자마자 ② 저녁을 먹자마자

③ 대학을 졸업하자마자

練習2

① 만들자마자 ② 연락하자마자 ③ 듣자마자

練習3

① 息子はいつも朝ご飯を食べるとすぐ出かけます。

② メッセージを読むやいなや笑いました。

③ 食事が終わってすぐコーヒーが出てきました。

練習4

① 수업이 끝나자마자 나가요.

② 졸업하자마자 독립했어요.

③ 소식을 듣자마자 울었어요.

練習5

① 자리에 앉자마자 졸았어요.

② 메일을 보내자마자 답장이 왔어요.

③ 만나자마자 반갑게 악수했어요.

29

練習1

① 드라마를 보다가 ② 만화책을 읽다가

③ 친구한테 전화하다가

練習2

① 살다가 ② 운동하다가 ③ 듣다가

練習3

① 荷物を持ち上げる途中腰を痛めました。

② 新聞を読んでいましたがやめました。

③ キムチを食べなかったが、今はよく食べます。

練習4

① 길을 걷다가 앉아서 쉬고 있어요.

② 산책하다가 친구를 만났어요.

③ 공부하다가 같이 저녁 먹어요!

練習5

① 밥을 먹다가 전화를 받고 나갔어요.

② 학교에 가다가 배가 아파서 돌아왔어요.

③ 드라마를 보다가 냄비를 태웠어요.

30

練習1

① 크게 만들어요. ② 따뜻하게 입어요.

③ 짧게 깎아요.

練習2

① 따뜻하게 ② 재미있게 ③ 맵게

練習3

① カルビを美味しく食べました。

② りんごをきれいにむきました。

③ 窓をきれいに拭きます。

練習4

① 커피를 맛있게 탔어요.

② 어젯밤에는 늦게 잤어요.

③ 방을 밝게 했어요.

練習5
① 영화는 재미있게 봤어요?
② 오늘도 즐겁게 지내세요.
③ 친구는 아주 친절하게 말해요.

31

練習1
① 조용한 카페   ② 귀여운 아기
③ 값이 싼 물건

練習2
① 깨끗한   ② 단   ③ 추운

練習3
① 明日は忙しい日です。
② 高い携帯は買えません。
③ 今日も幸せな一日を過ごしてください。

練習4
① 달고 매운 떡볶이가 맛있어요.
② 큰 짐이 많이 있었어요.
③ 짠 음식은 안 먹어요.

練習5
① 귀여운 가방을 사고 싶어요.
② 예쁜 원피스를 입었어요.
③ 멋진 배우를 만났어요.

32

練習1
① 좁지만 편해요.
② 어렵지만 재미있어요.
③ 싸지만 질이 좋아요.

練習2
① 깨끗하지만   ② 달지만   ③ 어렵지만

練習3
① たくさん寝たが眠いです。
② スマートフォンは高いけど便利です。
③ 忙しいけど楽しいです。

練習4
① 많이 먹었지만 배고파요.
② 맛있지만 좀 매워요.
③ 짜지만 먹을 수 있어요.

練習5
① CD를 듣지만 발음이 어려워요.
② 한국어는 어렵지만 재미있어요.

③ 비싸지만 사고 싶어요.

33

練習1
① 의자에 앉는데   ② 문제가 쉬운데
③ 청바지를 입었는데

練習2
① 깨끗한데   ② 매운데   ③ 만드는데

練習3
① たくさん寝ましたが眠いです。
② スマートフォンは便利ですが高いです。
③ 旅行に行きたいんですが、お金がありません。

練習4
① 많이 먹었는데 배고파요.
② 맛있는데 좀 매워요.
③ 날씨도 좋은데 같이 걸어요!

練習5
① 노래를 듣는데 가사가 좋아요.
② 학생인데 입장할 수 있어요?
③ 전에는 자주 만났는데 요즘은 잘 못 만나요.

34

練習1
① 전화를 하고 있어요.
② 밥을 먹고 있어요.
③ 메뉴를 생각하고 있어요.

練習2
① 보고 있어요.   ② 듣고 있어요?
③ 청소하고 있어요.

練習3
① バイオリンを習っています。
② 食事の準備をしています。
③ 弟 (妹) はピアノを弾き、父は歌を歌っています。

練習4
① 우산을 찾고 있어요.
② 신문 기사를 읽고 있어요.
③ 숙제를 하고 있어요?

練習5
① 헬스클럽에서 일주일에 세 번 운동하고 있어요.
② 스마트폰으로 음악을 듣고 있어요.
③ 따뜻한 코코아를 마시고 있어요.

35

練習1

① 마스크를 쓰고 있어요.

② 목걸이를 하고 있어요.

③ 양말을 신고 있어요?

練習2

① 쓰고 있어요.　② 입고 있어요.

③ 끼고 있어요?

練習3

① 何色のカバンを持っていますか。

② 白いスニーカーをはいています。

③ 赤いゴム手袋をはめています。

練習4

① 모두 마스크를 쓰고 있어요.

② 스웨터를 입고 있어요.

③ 안경을 쓰고 있어요.

練習5

① 언니는 예쁜 반지를 끼고 있어요.

② 그 사람은 어떤 모자를 쓰고 있어요?

③ 친구는 멋있는 선글라스를 쓰고 있어요.

36

練習1

① 학교에 와 있어요.

② 불이 켜져 있어요.

③ 자리에 앉아 있어요?

練習2

① 가 있었어요.　② 나와 있어요.

③ 서 있어요?

練習3

① 携帯電話がカバンに入っていました。

② 窓が閉まっています。

③ 教室に何人残っていますか。

練習4

① 에어컨이 꺼져 있었어요.

② 문이 열려 있어요.

③ 회비가 좀 남아 있어요?

練習5

① 학교에 일찍 와 있었어요?

② 친구들하고 공원 벤치에 앉아 있어요.

③ 휴일이기 때문에 백화점 문이 닫혀 있어요.

37

練習1

① 고향을 떠나 버렸어요.

② 예약을 취소해 버렸어요?

③ 그릇이 깨져 버렸어요.

練習2

① 잃어버렸어요.　② 잊어버렸어요?

③ 무시해 버렸어요.

練習3

① 友だちが先に行ってしまいました。

② コンサートがもう終わってしまいましたか。

③ 私が食べていたピザを弟が食べてしまいました。

練習4

① 숙제를 다 끝내 버렸어요.

② 읽던 책을 잃어버렸어요.

③ 제가 마시던 주스를 언니가 다 마셔 버렸어요.

練習5

① 내 비밀을 다른 사람에게 말해 버렸어요.

② 집에 오자마자 자 버렸어요.

③ 아이들이 방에 숨어 버렸어요.

38

練習1

① 값이 싸도　② 매일 운동을 해도

③ 큰소리로 이야기해도

練習2

① 들어도　② 달아도　③ 추워도

練習3

① 진즈를 입어도 돼요? 원문: ジーンズをはいてもいいですか。

② ゆっくり来てもいいです。

③ ここで写真を撮ってもいいですか。

練習4

① 김치는 매워도 괜찮아요.

② 메일로 보내도 돼요.

③ 여기에 앉아도 돼요?

練習5

① 한국은 지하철 안에서 전화해도 돼요.

② 밥을 젓가락으로 먹어도 돼요?

③ 천천히 걸어도 안 늦어요.

158

39

練習1

① 길에 쓰레기를 버리면 안 돼요.

② 김치가 짜면 안 돼요.

③ 회사에 늦으면 안 돼요.

練習2

① 기다리면 안 돼요?　② 지각하면 안 돼요.

③ 걸으면 안 돼요.

練習3

① 美術館で写真を撮ってはいけません。

② インフルエンザにかかってはいけません。

③ 財布をなくしてはいけません。

練習4

① 숙제를 잊으면 안 돼요.

② 약속에 늦으면 안 돼요.

③ 지하철에서 전화하면 안 돼요.

練習5

① 평소에 꾸준히 공부하면 돼요.

② 비밀은 절대로 물으면 안 돼요.

③ 음식을 너무 많이 만들면 안 돼요.

練習1

① 아침을 먹어야 돼요.

② 우유를 사야 돼요.

③ 라디오를 들어야 돼요.

練習2

① 해야 돼요.　② 놀아야 돼요.

③ 걸어야 돼요.

練習3

① 話をたくさん聞かなければなりません。

② 水をよく飲まなければなりません

③ 秘密を守らなければなりません。

練習4

① 서점에 가야 돼요.

② 책을 사야 돼요?

③ 교재가 있어야 돼요.

練習5

① 지금 생선을 구워야 돼요.

② 술을 안 마셔야 돼요.

③ 손을 깨끗하게 씻어야 돼요.

41

練習1

① 수업 시간에 졸지 마세요.

② 여기에서 담배를 피우지 마세요.

③ 큰소리로 이야기하지 마세요.

練習2

① 만들지 마세요.　② 닫지 마세요.

③ 전화를 하지 마세요.

練習3

① 今日学んだことを忘れないでください。

② ご飯を食べてすぐ横にならないでください。

③ 会議をしています。入らないでください 。

練習4

① 에어컨을 켜지 마세요.

② 수업에 지각하지 마세요.

③ 급하게 먹지 마세요.

練習5

① 교실에서 떠들지 마세요.

② 회의에 절대로 지각하지 마세요.

③ 음악을 너무 큰소리로 듣지 마세요.

練習1

① 모자를 쓰지 않아도 돼요.

② 장화를 신지 않아도 돼요.

③ 표를 예약하지 않아도 돼요?

練習2

① 크지 않아도 돼요.

② 달지 않아도 돼요?

③ 닦지 않아도 돼요.

練習3

① 今日は掃除をしなくてもいいです。

② 寒くないです。手袋をはめなくてもいいです 。

③ 靴を脱がなくても大丈夫ですか。

練習4

① 전부 읽지 않아도 돼요.

② 같이 가지 않아도 돼요?

③ 아침(밥)은 먹지 않아도 돼요.

練習5

① 오늘은 회사에 가지 않아도 돼요.

② 정말로 교실에서 모자를 벗지 않아도 돼요?

③ 기다리지 않아도 돼요. 먼저 먹어도 돼요.

43

練習1
① 버스를 타기 좋아요.
② 이 주스는 마시기 좋아요.
③ 방을 청소하기 좋아요.

練習2
① 살기 좋아요.　② 산책하기 좋아요.
③ 듣기 좋아요.

練習3
① この公園はヨガをするのにいいです。
② チゲは寒い日に食べるのにいいです。
③ この食堂では韓国語で話すのにいいです。
　（適しています。）

練習4
① 이 스마트폰은 쓰기 편해요.
② 요즘은 여행을 하기 좋아요.
③ 야채 비빔밥은 만들기 쉬워요.

練習5
① 김은 가벼워서 선물하기 좋아요.
② 이 조리법으로 반찬을 만들기 쉬워요.
③ 카페에서 공부하기 좋아요.

44

練習1
① 방에서 조용히 쉬고 싶어요
② 좋은 선물을 받고 싶어요
③ 행복하게 살고 싶어요.

練習2
① 만들고 싶어요.　② 산책하고 싶어요.
③ 듣고 싶어요.

練習3
① ヨガをしたいです。
② 韓定食が食べたいです。
③ 韓国語で話したかったです。

練習4
① 또 만나고 싶었어요.
② 어디로 여행을 가고 싶어요?
③ 한국 노래도 부르고 싶어요.

練習5
① 친구에게 어떤 선물을 주고 싶어요?
② 주말에는 일을 안 하고 쉬고 싶어요.
③ 휴일에는 집에서 책을 읽고 싶어요.

45

練習1
① 조용히 쉬고 싶어 해요.
② 좋은 선물을 받고 싶어 해요.
③ 행복하게 살고 싶어 해요.

練習2
① 만들고 싶어 해요.　② 하고 싶어 해요.
③ 듣고 싶어 해요.

練習3
① 子どもたちはほめられたがっています。
② 外国人は韓定食を食べたがっています。
③ その歌手のファンたちが韓国語で話したがって
　います。

練習4
① 학생들이 또 만나고 싶어 했어요.
② 반 친구들은 어디로 여행을 가고 싶어 해요?
③ 한류 팬들은 한국 노래를 부르고 싶어 해요.

練習5
① 딸은 친구에게 귀여운 선물을 주고 싶어 해요.
② 남편은 주말에는 쉬고 싶어 해요.
③ 어린이들은 재미있는 그림책을 읽고 싶어 해요.

46

練習1
① 밤늦게까지 일하기 싫어요.
② 아침 일찍 일어나기 싫어요.
③ 학교를 결석하기 싫어요.

練習2
① 만들기 싫어요.　② 청소하기 싫어요.
③ 듣기 싫어요.

練習3
① 皿洗いはしたくないです。
② 平日は遅く寝たくないです。
③ 写真を撮りたくないです。

練習4
① 연하장을 쓰기 싫어요.
② 이제 약을 먹기 싫어요.
③ 사람들 앞에서 노래를 부르기 싫었어요.

練習5
① 금요일은 왠지 일찍 자기 싫어요.
② 휴일에는 진짜 일하기 싫어요.
③ 그 식당은 친절하지 않아서 가기 싫어요.

47

練習1

① 창문를 열어 주세요. ② 과일을 깎아 주세요.

③ 일본어로 번역해 주세요.

練習2

① 만들어 주세요. ② 전화해 주세요.

③ 들어 주세요.

練習3

① ごみを拾ってください。

② 使い方を教えてください。

③ かわいいものを買ってください。

練習4

① 여기에 주소를 써 주세요.

② 이 문제 좀 가르쳐 주세요.

③ 이따가 숙제를 도와 주세요.

練習5

① 다음에는 한국 노래도 가르쳐 주세요.

② 더우니까 창문을 열어 주세요.

③ 수업 후에는 교실 문을 꼭 닫아 주세요.

48

練習1

① 모자를 벗으십시오.

② 이 책을 읽으십시오.

③ 매일 걸으십시오.

練習2

① 만드십시오. ② 들으십시오.

③ 구우십시오.

練習3

① 10時までにいらしてください。

② 奥へお入りください。

③ 1日に3回歯を磨いてください 。

練習4

① 교실에 들어오십시오.

② 자리에 앉으십시오.

③ 잘 들으십시오.

練習5

① 책의 첫 페이지를 펴십시오.

② 다 같이 큰소리로 읽으십시오.

③ 여기에 주소를 적으십시오.

49

練習1

① 점심을 먹어서 ② 방이 추워서

③ 소문을 들어서

練習2

① 사서 ② 운동을 해서 ③ 없어서

練習3

① 急に雨が降って傘を買いました。

② 暑くてエアコンをつけました。

③ おいしいのでもっと食べたいです。

練習4

① 숙제가 많아서 힘들어요.

② 날씨가 안 좋아서 못 가요.

③ 아파서 학교에 못 갔어요.

練習5

① 시간이 없어서 운동을 못 해요.

② 늦잠을 자서 모임에 지각했어요.

③ 오늘은 휴일이어서 회사에 안 가요.

50

練習1

① 여름은 더우니까 ② 날씨가 나쁘니까

③ 이야기가 재미있으니까

練習2

① 빌렸으니까 ② 운동을 하니까

③ 없으니까

練習3

① 雨が降るので傘を持って行ってください。

② 暑いからエアコンをつけましょう。

③ おいしいのでもっと注文しましょう。

練習4

① 숙제가 많으니까 일찍 시작하세요.

② 날씨가 안 좋으니까 나가지 마세요.

③ 피곤하니까 푹 쉬세요.

練習5

① 시간이 없으니까 좀 서두르세요.

② 금방 잊으니까 바로 메모하세요.

③ 휴일이니까 일은 잊고 푹 쉬세요.

51

練習1

① 모자를 쓰기 때문에

② 비빔밥이 맛있기 때문에

③ 공부를 열심히 안 하기 때문에

練習2

① 학생이기 때문에   ② 달기 때문에

③ 청소를 했기 때문에

練習3

① トッポッキは辛いけど甘いから好きです。

② 歯をよく磨くので虫歯がありません。

③ 韓国ドラマをたくさん見ているので知っています。

練習4

① 내일은 시험이 있기 때문에 오늘은 안 돼요.

② 물가가 비싸기 때문에 많이 못 사요.

③ K-pop을 좋아하기 때문에 한국어를 배워요.

練習5

① 숙제가 많기 때문에 못 놀아요

② 어젯밤에 잠을 못 잤기 때문에 졸려요.

③ 저녁을 많이 먹었기 때문에 운동을 해야 돼요.

52

練習1

① 주말에 만나기로 해요.

② 한국에 여행을 가기로 해요.

③ 커피를 마시기로 했어요.

練習2

① 만나기로 해요.   ② 만들기로 해요.

③ 연락하기로 했어요.

練習3

① サムゲタンを食べることにしましょう。

② 朝早く起きることにしました。

③ 授業の後に映画を見ることにしましょう。

練習4

① 같이 밥을 먹기로 해요!

② 서점에 가기로 했어요.

③ 도서관에서 숙제하기로 해요!

練習5

① 매일 아침에 산책하기로 해요!

② 친구하고 한국 요리를 배우기로 했어요.

③ 내일부터는 학교에 일찍 가기로 했어요.

53

練習1

① 교실이 밝아져요.   ② 날씨가 추워져요.

③ 방이 깨끗해져요.

練習2

① 따뜻해져요.   ② 길어졌어요.

③ 추워졌어요?

練習3

① 運動をして、気分がよくなりました。

② 空港が閑散となりました。

③ 旅行客が多くなりましたか。

練習4

① 한국어 책이 많아졌어요

② 건강이 좋아졌어요?

③ 서서히 해가 짧아져요.

練習5

① 밖이 갑자기 시끄러워졌어요.

② 꾸준히 운동하면 건강이 좋아져요.

③ 방금 청소해서 깨끗해졌어요.

54

練習1

① 창문을 닫아 보세요

② 닭갈비를 만들어 보세요

③ 신청해 보세요

練習2

① 가 보세요.   ② 걸어 보세요.

③ 도와 보세요.

練習3

① 朝、運動をしてみてください。

② 韓国の小説も読んでみてください。

③ ラジオを聞いてみてください。

練習4

① 잠시 기다려 보세요.

② 본인에게 맡겨 보세요.

③ 직접 만나 보세요.

練習5

① 한복을 한번 입어 보세요.

② 인사동에 가면 전통차를 마셔 보세요.

③ 요즘 노래도 배워 보세요.

55

練習1

① 노래를 들어 봐요.   ② 즐겁게 공부해 봐요.

③ 천천히 가 봐요.

練習2
① 만들어 봐요.　② 연락해 봐요.
③ 들어 봐요.
練習3
① 今度キムチも作ってみましょう。
② いっしょに教科書を読んでみましょう。
③ CDを何度も聞いてみてください。
練習4
① 다음에 그 친구를 같이 만나 봐요!
② 같이 한국말로 이야기를 해 봐요!
③ 매일 운동을 해 봐요.
練習5
① 비 오는 날에 부침개를 만들어 봐요.
② 서울에 가면 같이 산길도 걸어 봐요!
③ 공원에서 예쁜 낙엽을 주워 봐요.

56
練習1
① 천천히 걷죠!　② 닭갈비를 만들죠!
③ 숙제를 같이 하죠!
練習2
① 만들죠!　② 일하죠!　③ 들어 보죠!
練習3
① これからキムチも作ってみましょう。
② 土曜日にいっしょにミュージカルを観ましょう。
③ 今度はあの食堂に予約しましょう。
練習4
① 피곤하니까 택시를 타죠!
② 교실에서는 한국말로 이야기하죠!
③ 늦었으니까 좀 빨리 걷죠!
練習5
① 맛있으니까 더 시켜 먹죠.
② 자세한 내용은 다음에 듣죠.
③ 일을 마치고 같이 식사하죠.

57
練習1
① 택시를 탑시다.　② 벤치에 앉읍시다.
③ 같이 노래를 부릅시다.
練習2
① 만듭시다.　② 연락합시다.　③ 들어 봅시다.

練習3
① おいしいキムチも作りましょう。
② 大きな声で読んでみましょう。
③ 最近は忙しいから今度会いましょう。
練習4
① 비가 오니까 택시를 탑시다!
② 한국말로 이야기해 봅시다!
③ CD를 많이 들읍시다!
練習5
① 추우니까 안으로 들어갑시다.
② 피곤한데 잠시 앉읍시다.
③ 날씨가 좋으니까 좀 더 걸읍시다.

58
練習1
① 점심을 먹을까요?　② 여행을 갈까요?
③ 노래를 들을까요?
練習2
① 만들까요?　② 산책할까요?　③ 걸을까요?
練習3
① 週末にいっしょにヨガをしましょうか。
② 今日は何を食べましょうか。
③ ソウルは今寒いでしょうか。
練習4
① 그 두 사람은 또 만날까요?
② 어디로 여행을 갈까요?
③ 한국말로 이야기할까요?
練習5
① 내년 여름도 더울까요?
② 다리가 아픈데 좀 천천히 걸을까요?
③ 오늘 저녁은 무엇을 만들까요?

59
練習1
① 내일 아침에 먹을 빵　② 밤에 잘 때
③ 다음에 만들 음식
練習2
① 빌릴　② 공부할　③ 들을
練習3
① 図書館に行く時、いっしょに行きましょう。
② 今日学ぶ歌の楽譜です。
③ お弁当を作るとき、必要な材料です。

練習4

① 이름을 쓸 때는 검정색으로 써 주세요.

② 사진을 찍을 장소로 어디가 좋아요?

③ 배가 아플 때 먹는 약 있어요?

練習5

① 산길을 걸을 때 뭐가 필요해요?

② 라면을 끓일 때 달걀도 넣어요?

③ 서울에 갈 때 같이 가고 싶어요.

⁶⁰

練習1

① 친구를 만날 거예요.

② 날씨가 좋을 거예요.

③ 영화가 재미있을 거예요.

練習2

① 더울 거예요.   ② 놀 거예요.

③ 걸을 거예요.

練習3

① あの友だちは多分来ないでしょう。

② スマートフォンのせいで目が悪くなるでしょう。

③ 私はこれから運動をよくするつもりです。

練習4

① 그 사람은 아마 커피를 안 마실 거예요.

② 그 식당은 조용할 거예요.

③ 앞으로 김치를 자주 먹을 거예요.

練習5

① 그 친구는 아마 치마를 안 입을 거예요.

② 앞으로 술을 절대로 안 마실 거예요.

③ 그 식당 음식은 다 맛있을 거예요.

⁶¹

練習1

① 여기에서 기다리겠습니다.

② 제가 가겠습니다.

③ 내일은 따뜻하겠습니다,

練習2

① 시원하겠습니다.   ② 만들겠습니다.

③ 걷겠습니다.

練習3

① 私はこの部分を見ます。

② もっと召し上がりますか。

③ 今度の話も面白そうですね。

練習4

① 커피 드시겠습니까?

② 저는 여기서 기다리겠습니다.

③ 오늘은 집에서 책을 읽겠습니다.

練習5

① 내일도 오늘만큼 춥겠습니다.

② 감기에 걸려서 술은 안 마시겠습니다.

③ 다음에 또 뵙겠습니다.

⁶²

練習1

① 제가 전화를 받을게요.   ② 먼저 집에 갈게요.

③ 열심히 공부할게요.

練習2

① 걸을게요.   ② 놀게요.   ③ 먹을게요.

練習3

① CDを何回も聞きます。

② 私はジュースを飲みます。

③ 今日はスンドゥブチゲを食べます。

練習4

① 일을 마치면 전화할게요.

② 잡채를 만들어 볼게요.

③ 내일은 일찍 올게요.

練習5

① 놀기 전에 숙제를 먼저 할게요.

② 식사 준비를 도울게요.

③ 공부하다가 모르면 물을게요.

⁶³

練習1

① 이야기를 들을래요.   ② 불고기를 만들래요?

③ 여행을 할래요.

練習2

① 도울래요.   ② 놀래요.   ③ 걸을래요?

練習3

① 私はドラマを見ます。

② 今日は家で本をちょっと読みます。

③ いっしょに本屋に行きませんか。

練習4

① 커피를 마실래요?

② 저는 여기에서 기다릴래요.

③ 김치를 좀 더 먹을래요?

練習5

① 날씨도 좋은데 공원에 갈래요?

② 막걸리를 한번 마셔 볼래요?

③ 저녁은 뭘 먹을래요?

64

練習1

① 옷을 사러　② 돈을 찾으러

③ 노래를 들으러

練習2

① 도우러　② 만들러　③ 들으러

練習3

① うちにご飯を食べに来ますか。

② 私は本を借りに図書館に行きます。

③ スキーをしに行きませんか。

練習4

① 친구를 만나러 나갈 거예요.

② 점심 먹으러 안 갈래요?

③ 한국어를 공부하러 학교에 왔어요.

練習5

① 눈사람을 만들러 밖에 나갈 거예요.

② 후지산에 사진을 찍으러 같이 갈래요?

③ 강연을 들으러 같이 학교에 갔어요.

65

練習1

① 밤늦게까지 일하려고 해요.

② 아침 일찍 일어나려고 해요.

③ 모임에 참석하려고 해요.

練習2

① 만들려고 해요.　② 청소하려고 해요.

③ 들으려고 해요.

練習3

① お茶を飲んでから皿洗いをしようと思います。

② 寝る前に宿題をしようと思います。

③ 家族写真を撮ろうと思います。

練習4

① 내일부터 연하장을 쓰려고 해요.

② 오늘은 집에서 푹 쉬려고 해요.

③ 시험 공부를 하고 나서 친구를 만나려고 해요.

練習5

① 이번 주말에는 집안일을 도우려고 해요.

② 일을 마치고 서점에 가려고 해요.

③ 아침마다 집 주변을 걸으려고 해요.

66

練習1

① 눈을 감으면　② 공부를 가르치면

③ 한국어로 번역하면

練習2

① 더우면　② 졸면　③ 걸으면

練習3

① ドラマを見なければ映画でも見ましょうか。

② スマートフォンがあると便利です。

③ 歌を歌うと気分がよくなります。

練習4

① 오후에 커피를 마시면 밤에 못 자요.

② 맛있으면 더 드세요.

③ 사진을 찍으면 올려 주세요.

練習5

① 일할 때는 바지를 입으면 편해요.

② 수업에 늦으면 연락해 주세요.

③ 아프면 바로 병원에 가세요.

67

練習1

① 영국에 가는 것 같아요.

② 실력이 느는 것 같아요.

③ 불고기가 맛있는 것 같아요.

練習2

① 못 가는 것 같아요.　② 만드는 것 같아요.

③ 걷는 것 같아요.

練習3

① 多分毎朝、運動をしているようです。

② プルゴギをよく食べるようです。

③ 家で仕事をしているようです。

練習4

① 아마 내일 시험을 보는 것 같아요.

② 다나카 씨는 수업에 못 나오는 것 같아요.

③ 영화가 재미있는 것 같아요.

練習5

① 수업 후에 식사 모임이 있는 것 같아요.

② 오늘도 술을 마시는 것 같아요.

③ 동생은 한국 노래를 자주 듣는 것 같아요.

68

練習1

① 많이 걷네요. ② 키가 크네요.

③ 열심히 운동하네요.

練習2

① 덥네요. ② 노네요. ③ 듣네요.

練習3

① ここはWi-Fiが使えますね。

② 面白い本がとても多いですね。

③ 韓国語がほんとうにお上手ですね。

練習4

① 커피를 좋아하시네요.

② 이 식당은 조용하네요

③ 김치를 잘 먹네요.

練習5

① 오늘은 어제보다 춥네요.

② 기분 좋게 술을 마시네요

③ 요즘도 여전히 바쁘시네요.

練習1

① 아침 일찍 일어나죠?

② 밤늦게까지 공부하죠?

③ 오늘 약속이 있죠?

練習2

① 깨끗하죠? ② 맛있죠? ③ 먹죠?

練習3

① 今度の旅行は2泊3日ですよね。

② 明日は早く出発するでしょう?

③ お母さんはドラマがとてもお好きですよね。

練習4

① 다음 주에 시험이 있죠?

② 이 가방은 싸고 좋죠?

③ 떡볶이는 맵고 달지요?

練習5

① 노래하니까 기분이 좋죠?

② 요즘도 한국어를 배우죠?

③ 많이 걸어서 피곤하죠?

70

練習1

① 단풍이 예쁘거든요. ② 매일 걷거든요.

③ 서울에서 살거든요.

練習2

① 듣거든요. ② 만들었거든요.

③ 춥거든요.

練習3

① 学校で修学旅行に行くんです。

② 来週、試験を受けるんですよ。

③ 趣味で写真を撮るんですよ。

練習4

① 김치는 매워도 맛있거든요.

② 메일로 보내도 되거든요.

③ 좀 늦어도 괜찮거든요.

練習5

① 요즘 기타를 배우거든요.

② 밑반찬은 주로 주말에 만들거든요.

③ 일 때문에 다음 달에 이사하거든요.

1. 助詞

	機能	母音終わりの体言	子音終わりの体言
は	主題	는 노트는 ノートは	은 책은 本は
が	主格	가 노트가 ノートが	이 책이 本が
を	目的	를 노트를 ノートを	을 책을 本を
	*~に乗る	를 버스를 타다 バスに乗る	을 지하철을 타다 地下鉄に乗る
	*~に会う	를 친구를 만나다 友だちに会う	을 동생을 만나다 弟・妹に会う
	*~が好きだ	를 커피를 좋아하다 コーヒーが好きだ	을 빵을 좋아하다 パンが好きだ
と	列挙	와 노트와 ノートと	과 책과 本と
		하고*1 노트하고 ノートと	책하고 本と
の	属格・所有	의 노트의 ノートの	책의 本の
も	追加・許容	도 노트도 ノートも	책도 本も
に	事物・場所・時間	에 노트에 ノートに 책에 本に 학교에 学校に 오전에 午前に	
	人・動物	에게 친구에게 友だちに 고양이에게 猫に	
		한테*2 친구한테 友だちに 고양이한테 猫に	
	人（尊敬）	께 선생님께 先生に	
へ	方向	로 도쿄로 東京へ	으로 부산으로 釜山へ
			로 (ㄹ語幹) 서울로 ソウルへ
で	手段・道具	로 종이로 紙で	으로 볼펜으로 ボールペンで
			로 (ㄹ語幹) 연필로 鉛筆で
	場所	에서 학교에서 공부를 하다 学校で勉強をする 공원에서 산책을 하다 公園で散歩をする	
から	空間・事物	에서(부터) 도쿄에서(부터) 東京から 책에서 本から	
	時間・順序	부터 아침부터 朝から 1번부터 一番から	
まで	空間・時間・範囲	까지 오사카까지 大阪まで 저녁까지 夕方まで 10번까지 10番まで	
だけ	限定	만 노트만 ノートだけ 책만 本だけ	
より	比較	보다 노트보다 ノートより 책보다 本より	
でも	次善	라도 노트라도 ノートでも	이라도 책이라도 本でも

*1*2はおもに話し言葉で使われる。

2. 接続のことば

		意味	例
順接	그럼	では、 それでは、 それなら、 それならば	그럼 또 연락 주세요. (では、またご連絡ください)
	그러면		구하라, 그러면 얻을 것이다. (求めよ、さらば与えられん)
	그래서	それで	그래서 어떻게 됐어요? (それで、どうしましたか？)
	따라서	したがって	품질이 좋으니까, 따라서 값도 비싸요. (品質がいいから、したがって値段も高いです)
逆接	그런데	ところで	그런데 오늘은 날씨가 좋네요. (ところで今日は天気がいいですね)
	그러나	しかし	그러나 속마음은 잘 몰라요. (しかし、本音はよくわかりません。)
	그렇지만	でも、しかし	그렇지만 오늘 날씨는 나쁘지 않아요. (でも、今日の天気は悪くありません)
	그래도	でも、それでも	그래도 별로 힘들지 않아요. (でもあまり大変ではありません)
	오히려	むしろ、 かえって	오히려 마음이 편해요. (かえって気持ちが楽です)
	하지만	でも	고마워요. 하지만 사양하겠어요. (ありがとうございます。でもおことわりします)
並列	또한	また	그녀는 마음도 착하고 또한 건강해요. (彼女は心も優しく、また、元気です)
	및	そして、 それから	한국 및 일본 (韓国および日本)
追加	그리고	そして	그리고, 우산도 잊지 마세요. (そして傘も忘れないでください)
	게다가	さらに、 そのうえ	게다가 눈까지 왔어요. (さらに、雪まで降りました)
	뿐만 아니라	(それ) だけで なく	영어뿐만 아니라 중국어도 잘해요. (英語だけでなく、中国語も上手です)
選択	또는	または	내일 또는 모레. (明日、または、明後日)
	하여튼	とにかく	하여튼 해 보세요! (とにかくやってみてください)

仮定	가령	仮に、たとえば	가령 내가 공룡이라면. (仮に、私が恐竜だったならば)
	왜냐하면	なぜなら	왜냐하면 추운 건 싫거든요. (なぜなら、寒いのは嫌いですよ)
理由	그러니까	だから、それで、 したがって	그러니까 내 말을 잘 들어 보세요. (だから、私の話をよく聞いてみてください)
	그러므로	ゆえに、 ですから	나는 생각한다. 그러므로 존재한다. (私は考える。ゆえに私は存在する)
付加	즉	すなわち、 つまり	절망, 즉 죽음에 이르는 병. (絶望、つまり死に至る病気)
	그런데도	それなのに	그런데도 잘못을 고치지 않아요. (それなのに、過ちを直しません)
	결국	結局	결국 그는 성공했어요. (結局、彼は成功しました)

3. 不規則（変則）活用

　韓国語の用言（動詞や形容詞）の活用には、通常とは違う活用をする「不規則（変則）活用」というものがあります。「不規則活用」は、語幹に「아/어」や「으」などの語尾が続くとき起こる場合が多いです。

（1）ㄹ ^{リウル} 語幹用言（動詞・形容詞）

　만들다（作る）、살다（住む）、놀다（遊ぶ）、달다（甘い）などのように語幹末のパッチムが「ㄹ」で終わる動詞や形容詞を「ㄹ語幹用言」と言います。語幹末のパッチム「ㄹ」の後に（으）ㅅ、（스）ㅂ、（으）오、（으）ㄹ、（으）ㄴがくるとパッチム「ㄹ」は脱落します。

	後続の文字	動詞	形容詞
		살다 住む,暮らす	길다 長い
ㄹ脱落	（으）ㅅ	살+세요→사세요 お住まいです	길+세요→기세요 長くていらっしゃる
	（스）ㅂ（パッチム）	살+ㅂ니다→삽니다 住んでいます	길+ㅂ니다→깁니다 長いです
	（으）오	살+오→사오 住みます	길+오→기오 長いです
	（으）ㄹ（パッチム）	살+ㄹ까요→살까요? 住むでしょうか	길+ㄹ까요→길까요? 長いでしょうか
	（으）ㄴ	살+ㄴ→산 住んでいた〜	길+ㄴ→긴　長い…
		살+는→사는 住む〜	―
		살+니까→사니까 住むから	길+니까→기니까 長いから
ㄹ残る	ㄱ	살+고→살고 住んで	길+고→길고 長くて
	ㄷ	살+던→살던 住んでいた〜	길+던→길던 長かった…
	（으）ㄹ（初声）	살+려고→살려고 住もうと	―
	（으）ㅁ	살+면→살면 住めば	길+면→길면 長ければ
	ㅇ	살+아요→살아요 住んでいます	길+어요→길어요 長いです
	ㅈ	살+지만→살지만 住んでいるが	길+지만→길지만 長いけど

◆ その他の代表的なㄹ語幹用言

動詞：걸다（かける）、날다（飛ぶ）、놀다（遊ぶ）、돌다（回る）、들다（入る、持つ）、만들다（作る）、벌다（稼ぐ）、불다（吹く）、살다（住む、暮らす）、알다（知る、わかる）、열다（開く）、울다（泣く）、팔다（売る）　形容詞：가늘다（細い）、달다（甘い）、멀다（遠い）、힘들다（大変だ）

（2）ㅅ (シオッ) 不規則（変則）用言

　語幹末のパッチムが「ㅅ」の짓다（建てる）、긋다（線を引く）、낫다（治る）、잇다（つなぐ）、낫다（ましだ）のような動詞や形容詞の場合、「ㅅ」の次に「아/어」がつくと、지어（建てて）、그어（線を引いて）、나아（治って）、이어（つないで）、나아（ましで）のように「ㅅ」が脱落します。

　また、パッチム「ㅅ」の次に「으」が続くと「지으면（建てれば）、그으면（線を引けば）、나으면（治れば）、이으면（つなげば）、나으면（ましなら）」のように「ㅅ」は脱落します。

ㅅ不規則活用①「ㅅ＋아/어」

	基本形	丁寧形 -아요/어요 〜です・ます	過去丁寧形 -았어요/었어요 〜でした・ました
	ㅅ＋아/어 → （「ㅅ」脱落）아/어		
ㅅ 不 規 則	긋다 線を引く	그어요 線を引きます	그었어요 線を引きました
	낫다 治る	나아요 治ります	나았어요 治りました
	잇다 つなぐ	이어요 つなぎます	이었어요 つなぎました
	짓다 建てる	지어요 建てます	지었어요 建てました
	낫다 ましだ	나아요 ましです	나았어요 ましでした

ㅅ不規則活用②「ㅅ＋으」

	基本形	仮定形 -(으)면 〜たら、〜ば	連体形 -(으)ㄴ 動詞：〜た… 形容詞：〜い…
	ㅅ＋으 → （「ㅅ」脱落）으		
ㅅ 不 規 則	긋다 線を引く	그으면 線を引けば	그은 線を引いた…
	낫다 治る	나으면 治れば	나은 治った…
	잇다 つなぐ	이으면 つなげば	이은 つないだ…
	짓다 建てる	지으면 建てば	지은 建てた…
	낫다 ましだ	나으면 ましならば	나은 ましな…

◆なお、語幹末のパッチムが「ㅅ」でも、웃다（笑う）、벗다（脱ぐ）씻다（洗う）などは規則活用で、「아/어」や「으」が続いてもパッチムの「ㅅ」は脱落しません。

（3）ㅂ不規則（変則）用言

　語幹末のパッチムが「ㅂ」の굽다（焼く）、고맙다（ありがたい）、맵다（辛い）、춥다（寒い）、덥다（暑い）のような一部の動詞や形容詞は、パッチム「ㅂ」の次に「아/어」がつくと、「ㅂ」と「아/어」が合体し「워」に変わります。ただし、돕다（助ける）、곱다（きれいだ）だけは「와」に変わり「도와、고와」となります。

　また、パッチム「ㅂ」の次に「으」が続くと「ㅂ」は「으」と合体して「우」に変わり、「맵다」は「매우면、매운」、「고맙다」は「고마우면、고마운」となります。

ㅂ不規則活用①「ㅂ+아/어」

	基本形	丁寧形 -아요/어요 〜です・ます	過去丁寧形 -았어요/었어요 〜でした・ました
	ㅂ+아/어 → 워		
ㅂ 不 規 則	가깝다 近い	가까워요 近いです	가까웠어요 近かったです
	맵다 辛い	매워요 辛いです	매웠어요 辛かったです
	춥다 寒い	추워요 寒いです	추웠어요 寒かったです
	눕다 横になる	누워요 横になります	누웠어요 横になりました
	ㅂ+아→와		
	곱다 綺麗だ	고와요 奇麗です	고왔어요 奇麗でした
	돕다 手伝う	도와요 手伝います	도왔어요 手伝いました

ㅂ不規則活用②「ㅂ+으」

	基本形	仮定形 -(으)면 〜たら、〜ば	連体形 -(으)ㄴ 動詞：〜た… 形容詞：〜い…
	ㅂ+으 → 우		
ㅂ 不 規 則	맵다 辛い	매우면 辛ければ	매운 辛い…
	춥다 寒い	추우면 寒かったら	추운 寒い…
	눕다 横になる	누우면 横になったら	누운 横になった…
	곱다 綺麗だ	고우면 奇麗なら	고운 綺麗な…
	돕다 手伝う	도우면 手伝ったら	도운 手伝った…

◆その他の代表的なㅂ不規則用言

動詞：굽다（焼く）　形容詞：가깝다（近い）、가볍다（軽い）、고맙다（ありがたい）、더럽다（汚い）、덥다（暑い）、맵다（辛い）、무겁다（重い）、밉다（憎い）、쉽다（易しい）、시끄럽다（うるさい）、아깝다（もったいない）、아름답다（美しい）、어둡다（暗い）、어렵다（難しい）

◆語幹末のパッチムが「ㅂ」でも以下の用言は規則活用です。

動詞：굽다（曲がる）、뽑다（引き抜く）、업다（おんぶする）、입다（着る）、잡다（つかむ）
形容詞：좁다（狭い）

172

（4）ㄷ 不規則（変則）用言

語幹末のパッチムが「ㄷ」の一部の動詞 、「걷다（歩く）、깨닫다（悟る）、듣다（聞く）、묻다（尋ねる）、싣다（載せる）」などのように、語幹が「ㄷ」パッチムで終わる一部の動詞は、「아/어」と「으」が続くとき、パッチムの「ㄷ」は「ㄹ」に変わります。걷다は걸어요（歩きます）・걸으면（歩けば）、듣다は들어요（聞きます）・들으면（聞けば）のようになります。

ㄷ不規則活用 「ㄷ＋아/어/으」

<table>
<tr><td></td><td>基本形</td><td>丁寧形 -아요/어요
〜です・ます</td><td>尊敬形 -(으)세요
〜てください、
お〜になります</td><td>仮定形 -(으)면
〜たら、〜ば</td></tr>
<tr><td colspan="5" align="center">ㄷ＋아/어/으 → ㄹ＋아/어/으</td></tr>
<tr><td rowspan="5">ㄷ
不
規
則</td><td>걷다 歩く</td><td>걸어요 歩きます</td><td>걸으세요
お歩きになります</td><td>걸으면 歩けば</td></tr>
<tr><td>깨닫다 悟る</td><td>깨달아요 悟ります</td><td>깨달으세요
悟ってください</td><td>깨달으면 悟れば</td></tr>
<tr><td>듣다 聞く</td><td>들어요 聞きます</td><td>들으세요
聞いてください</td><td>들으면 聞けば</td></tr>
<tr><td>묻다 尋ねる</td><td>물어요 尋ねます</td><td>물으세요
尋ねてください</td><td>물으면 尋ねれば</td></tr>
<tr><td>싣다 載せる</td><td>실어요 載せます</td><td>실으세요
載せてください</td><td>실으면 載せれば</td></tr>
</table>

◆語幹末のパッチムが「ㄷ」でも以下の用言は規則活用です。

動詞：닫다（閉める）、묻다（埋める）、믿다（信じる）、받다（受け取る）、얻다（得る）、걷다（まくる、取り立てる）　形容詞：굳다（硬い）

（5）르 不規則（変則）用言

　「모르다 (分からない)、빠르다 (速い)、부르다 (呼ぶ)、고르다 (選ぶ)、흐르다 (流れる)」などのように、語幹が「르」で終わるほとんどの 動詞や形容詞の用言は「르 不規則用言」です。

　르不規則用言の語幹に「아/어」がつくとき、「모르다」のように「르」の前の母音が陽母音の場合は「-ㄹ라」に、「부르다」のように陰母音の場合は「-ㄹ러」に変わり몰라요 (分かりません)、불러요 (呼びます) になります。

르不規則活用「르＋아/어」

	基本形	丁寧形 -아요/어요 〜です·ます	理由 -아서/어서 〜ので
		르＋아→ㄹ라	
ㄹ 不 規 則	다르다 異なる	달라요 異なります	달라서 異なって
	모르다 分からない	몰라요 分かりません	몰라서 分からなくて
	자르다 切る	잘라요 切ります	잘라서 切って
	빠르다 速い	빨라요 速いです	빨라서 速くて
		르＋어→ㄹ러	
	부르다 呼ぶ	불러요 呼びます	불러서 呼んで
	서두르다 急ぐ	서둘러요 急ぎます	서둘러서 急いで
	흐르다 流れる	흘러요 流れます	흘러서 流れて

◆その他の르不規則用言

動　詞：【陽母音】가르다 (分ける)、고르다 (選ぶ)、바르다 (塗る)、오르다 (上がる)
　　　　【陰母音】기르다 (育てる)、주무르다 (もむ)

形容詞：【陽母音】바르다 (正しい)
　　　　【陰母音】서투르다 (下手だ)、이르다 (早い)

（6）으 不規則（変則）用言

　「바쁘다（忙しい）」、「기쁘다（うれしい）」のように語幹末音節の母音が「ㅡ」の語幹を「으語幹」と言います。「으語幹」に「아/어」がつく場合は、次の2通りの変化があります。

　①1音節の語幹：「쓰다（書く）」のように語幹が1音節の場合、「아/어」がつくと、「ㅡ」が脱落して써요（書きます）になります。

　②2音節の語幹：「바쁘다（忙しい）、기쁘다（うれしい）」のように語幹が2音節の場合、「아/어」がつくと、「ㅡ」の直前の音節が陽母音の場合「ㅡ」が脱落して「바빠요（忙しいです）」となり、陰母音の場合は「ㅡ」が落ちて「기뻐요（うれしいです）」のようになります。

　また、過去表現は「바빴어요（忙しかったです）」「기뻤어요（うれしかったです）」のように陽母音語幹に「았어요」、陰母音語幹に「었어요」をつけます。

으不規則活用「ㅡ＋아/어」

語幹	1前の母音	基本形	連用形 語幹＋아/어 〜て	丁寧形 -아요/어요 〜です・ます
으不規則			ㅡ＋어→ㅓ	
	陰母音（1音節）	끄다（火を）消す	꺼（火を）消して	꺼요（火を）消します
		쓰다 書く	써 書いて	써요 書きます
		쓰다 苦い	써 苦くて	써요 苦いです
		크다 大きい	커 大きくて	커요 大きいです
			ㅡ＋아→ㅏ	
	陽母音（2音節）	고프다（腹が）すく	고파 腹がすいて	고파요 腹がすいています
		나쁘다 悪い	나빠 悪くて	나빠요 悪いです
		모으다 集める	모아 集めて	모아요 集めます
		바쁘다 忙しい	바빠 忙しくて	바빠요 忙しいです
		아프다 痛い	아파 痛くて	아파요 痛いです
			ㅡ＋어→ㅓ	
	陰母音	기쁘다 うれしい	기뻐 うれしくて	기뻐요 うれしいです
		슬프다 悲しい	슬퍼 悲しくて	슬퍼요 悲しいです
		예쁘다 かわいい	예뻐 かわいくて	예뻐요 かわいいです

◆その他の으不規則用言

動詞：뜨다（浮かぶ）、담그다（漬ける）

（7）<ruby>ㅎ<rt>ヒウッ</rt></ruby> 不規則（変則）用言

　語幹末のパッチムが「ㅎ」の形容詞は、좋다（良い）などを除いた多くが不規則的な活用をし、「ㅎ不規則用言」と言います。しかし、놓다（置く）などの動詞は「놓고（置いて）、놓으면（置けば）、놓아요（置きます）」のように規則的に活用します。

　「ㅎ不規則用言」の「하얗다（白い）」は連体形ではパッチムの「ㅎ」が脱落し「하얀 눈（白い雪）」になります。また、「-아/어」が続く場合は「ㅎ」が脱落し、母音に変化が起きて「하얗다（白い）」が「하얘요（白いです）」になります。

ㅎ不規則活用

基本形	ㅎ脱落			
	ㅎ+ㄴ→ㄴ	ㅎ+으→ㄴ	ㅏ/ㅓ+ㅎ+아/어→ㅐ	
	語幹+네요 ですね	連体形 語幹+(으)ㄴ 〜い…	連用形 語幹+아/어 〜て	丁寧形 -아요/어요 〜です・ます
까맣다 黒い	까마네요 黒いですね	까만 黒い…	까맣+아 →까매	까매요 黒いです
빨갛다 赤い	빨가네요 赤いですね	빨간 赤い…	빨갛+아 →빨개	빨개요 赤いです
파랗다 青い	파라네요 青いですね	파란 青い…	파랗+아 →파래	파래요 青いです
동그랗다 丸い	동그라네요 丸いですね	동그란 丸い…	동그랗+아 →동그래	동그래요 丸いです
그렇다 そうだ	그러네요 そうですね	그런 そんな…	그렇+어 →그래	그래요 そうです
어떻다 どうだ	―	어떤 どんな…	어떻+어 →어때	어때요? どうですか
하얗다 白い	하야네요 白いですね	하얀 白い…	ㅑ+ㅎ+아/어→ㅐ	
			하얗+아 →하얘	하얘요 白いです

（左端に縦書き：ㅎ不規則）

◆ 낳다（生む）、넣다（入れる）、놓다（置く）、좋다（良い）は規則用言

著者紹介

チョ・ヒチョル（曺喜澈）
　ハングル普及会「お、ハングル」主宰、元東海大学教授、NHK
テレビ「テレビでハングル講座」講師（2009〜2010年度）。
　著書：『1時間でハングルが読めるようになる本』（学研）、『本気
で学ぶ韓国語』（ベレ出版）など。

チョン・ソヒ（銭昭熹）
　韓国語教室「コリアgo麻布十番」代表。目白大学大学院修了（韓
国言語文化修士）。東京韓国教育院・在日本大韓民国民団東京本
部コリアン・アカデミー韓国語講師。
　著書：『ひとりでゆっくり韓国語入門』（共著、CUON）、『韓国語
活用ガイドブック』（共著、駿河台出版）など。

ステップアップのための韓国語基本文型トレーニング

2021年6月20日　印刷
2021年7月10日　発行

著　者 © チョ・ヒチョル
　　　　　　チョン・ソヒ
発行者　及　川　直　志
組版所　アイ・ビーンズ
印刷所　株式会社三秀舎

発行所
101-0052 東京都千代田区神田小川町3の24
電話 03-3291-7811（営業部），7821（編集部）
www.hakusuisha.co.jp
　　　　　　　　　　　　　　　　株式会社　白水社
乱丁・落丁本は送料小社負担にてお取り替えいたします。

振替 00190-5-33228　　Printed in Japan　　誠製本株式会社

ISBN978-4-560-08899-9

にぎやかな音のニュアンスを楽しく学ぼう

絵でわかる
韓国語のオノマトペ

表現が広がる擬声語・擬態語

辛 昭静 著

星はパンチャクパンチャクと輝き，心臓はトゥグンドゥグン．一度は使ってみたい韓国語のオノマトペ．音声ダウンロードでにぎやかな音も楽しむことができます．

■四六判　150頁

日本語と似ているものから全く違う表現まで

絵でわかる
韓国語の体の慣用表現

辛 昭静 著

目や口や手や足など体の部位を表す単語を様々な形容詞や動詞と組み合わせることで，思わぬ意味も表し，感情を豊かに表現します．

■四六判　210頁

ポイントを直感的に理解でき，記憶に残る

絵で学ぶ韓国語文法

初級のおさらい，中級へのステップアップ

金 京子，河村光雅 著／わたなべまき 絵

現在形からパンマル，連体形まで 77 の文法項目．
効果的に絵を使ったコンパクトなまとめと練習
問題．さらに，22 のコラムでお悩み解決．

■ A5 判　269 頁【2 色刷】

なるほど，これならわかる！

絵で学ぶ中級韓国語文法

金 京子，河村光雅 著／わたなべまき 絵

絵を用いた簡潔な解説で 82 の項目，類似表現の
使い分けに関する 29 のコーナー，豊富な練習問
題でなるほど着実に中級の実力を養成．

■ A5 判　297 頁【2 色刷】

相手の心に響く豊かな表現を身につけよう

絵で学ぶ上級への韓国語文法

金 京子，河村光雅 著／わたなべまき 絵

中級の終わりから上級への足場を固める，84 の
絵を使った丁寧な文法解説．使い分けの難しい
文型については 25 のお悩み解決コーナー．

■ A5 判　292 頁【2 色刷】

文法問題1000本ノック！

改訂版 韓国語文法ドリル
初級から中級への 1000 題

須賀井義教 著

文法の解説＋練習問題の全55課，問題は約1000題．ハン検5〜3級の文法事項のおさらい，弱点強化に．文法問題を強化した改訂版．

■ B5判 175 頁

こう発音すれば，ネイティブにも確実に伝わる

韓国語発音クリニック《CD付》

前田真彦 著

うまく言葉が伝わらないという，あなたの韓国語の発音の悩みに適切な診断を下し，解決策をお教えします．目からウロコの特効薬が満載．初級者にも中級者にもピリリと効きます．

■ A5判 159 頁